Genitori Connessi:

"Guidare i figli nell'era digitale"

Stella Monroe

SOMMARIO

CAPITOLO 1:
L'EVOLUZIONE DEL MONDO LAVORATIVO NELL'ERA DIGITALE

.1   Breve storia dei cambiamenti nel mondo del lavoro.

Inizia un nuovo secolo e, con esso, una rivoluzione nei modi in cui le persone vedono e vivono il lavoro. L'epoca in cui i mestieri erano strettamente legati a competenze manuali o a ruoli ben definiti in aziende e fabbriche è lentamente sfumata, lasciando il posto a nuove professioni emergenti nel mondo digitale.

Questo mutamento non è avvenuto da un giorno all'altro. Se ci pensiamo, internet e la digitalizzazione hanno cominciato a plasmare il nostro quotidiano già dagli anni '90. Ma solo nell'ultimo decennio, con la crescita esponenziale dei social media e delle piattaforme di condivisione, si è manifestata la figura dell'influencer, una professione che, qualche decennio fa, sarebbe stata inimmaginabile.

E i giovani? Sono i primi ad essere stati catturati da questa nuova visione del mondo lavorativo. Per molti di loro, diventare influencer non è solo una moda, ma rappresenta un desiderio profondo di espressione, di essere visti e ascoltati. Tuttavia, è essenziale comprendere che dietro la luccicante facciata dei post sui social e dei video virali, c'è un mondo fatto di impegno, dedizione e, spesso, di solitudine.

Gli influencer sono diventati modelli a cui ispirarsi. Ma come ogni medaglia, anche questa ha il suo rovescio. La percezione che molti hanno di questo mestiere è distorta. Non si tratta solo di viaggi esotici, vestiti alla moda o eventi mondani. Dietro ogni post c'è una strategia, uno studio approfondito e ore di lavoro.

Concludendo, voglio sottolineare un aspetto cruciale. Mentre il mondo digitale offre opportunità illimitate, è fondamentale avere una visione chiara e informata. L'illusione può essere potente, ma la realtà è sempre dietro l'angolo, pronta a rivelarsi in tutta la sua complessità.

.2 Nascita e crescita della professione di influencer.

Mentre i genitori di oggi crescevano con modelli a cui ispirarsi chiari: atleti, astronauti, medici, professori. Ma con l'ascesa di Internet, tutto è cambiato. Nel giro di pochi anni, la parola "influencer" è entrata nel nostro vocabolario quotidiano, segnando l'evoluzione della comunicazione e dell'intrattenimento.

Un influencer, nel suo significato più semplice, è una persona che, grazie alla sua autenticità o alle sue competenze, esercita un certo potere persuasivo sul suo pubblico, influenzandone le opinioni e, spesso, le scelte di consumo. Ma come è nata questa professione?

All'inizio, piattaforme come YouTube o MySpace erano viste solo come luoghi di condivisione. Le persone caricavano video divertenti, momenti di vita, tutorial. Ma presto, aziende e brand hanno iniziato a notare l'ampia portata e l'influenza di alcuni utenti. Così, quello che era iniziato come un hobby si è trasformato in una professione a tutti gli effetti.

Per un adolescente, la figura dell'influencer può sembrare affascinante. Pensate alla possibilità di trasformare le proprie passioni in un lavoro, raggiungendo al contempo fama e riconoscimento. Ma come genitori, è fondamentale capire che, come ogni professione, anche questa ha i suoi lati positivi e negativi.

Mentre alcuni influencer hanno costruito brand solidi basati su valori autentici, altri hanno seguito una strada più superficiale, concentrandosi solo sull'aspetto monetario. Questo ha portato a una saturazione del mercato e ha reso difficile per i nuovi entranti emergere.

È fondamentale che i genitori comprendano che, sebbene la carriera di influencer possa sembrare luccicante dall'esterno, richiede dedizione, impegno e una pelle spessa. Proprio come qualsiasi altro lavoro, ci sono sfide da affrontare, delusioni da superare e, talvolta, critiche da affrontare.

Ma, con la giusta guida e supporto, un adolescente che mostra una vera passione e talento può sicuramente esplorare il mondo dell'influenza, purché mantenga una visione equilibrata e realistica di ciò che questo percorso comporta.

.3   Le motivazioni dei giovani verso il mondo online

Il mondo online rappresenta per i giovani un territorio inesplorato e affascinante, pieno di possibilità, esperienze, e sconfinato come l'orizzonte di un nuovo mondo. Ma quali sono le reali motivazioni che spingono la gioventù verso la rete, spesso trascorrendovi più tempo che nel mondo reale?

Innanzitutto, il mondo digitale offre un senso di libertà inesplorato. La gioventù può esprimersi liberamente, manifestare idee, passioni e talenti senza il timore del giudizio immediato, e questo crea un ambiente di accettazione e comprensione che può mancare nel contesto quotidiano. Le piattaforme social, i blog e i forum sono luoghi virtuali dove trovare e costruire una propria identità e condividere esperienze e pensieri.

Un'altra motivazione preponderante è la ricerca di approvazione e riconoscimento. I "like", i commenti positivi e i follower diventano simboli di approvazione sociale, e questo accresce l'autostima e la fiducia in sé stessi. In un'era dove l'affermazione sociale è tanto ricercata, il mondo online diventa il palcoscenico ideale per ottenere visibilità e riconoscimento.

In aggiunta, il mondo digitale è un terreno fertile per l'apprendimento e la crescita personale. L'accesso a un'infinità di informazioni, risorse educative, tutorial e corsi online consente ai giovani di apprendere e sviluppare nuove competenze, spesso al di fuori dei tradizionali percorsi educativi. Questo autodidattismo digitale contribuisce all'evoluzione delle passioni e degli interessi, permettendo loro di esplorare e approfondire argomenti che magari nei contesti scolastici sono marginali o assenti.

L'opportunità di connessione globale è un altro fattore motivante. Internet abbatte le barriere geografiche e culturali, permettendo ai giovani di interagire e costruire relazioni con coetanei e non, provenienti da tutto il mondo. Questo scambio interculturale arricchisce le loro prospettive, apre la mente e contribuisce a formare una mentalità più inclusiva e tollerante.

Ma c'è anche un forte desiderio di autonomia economica e realizzazione personale che guida i giovani verso il mondo digitale. Il successo di molti influencer e creator ha alimentato l'aspirazione a costruire un percorso professionale online, sfruttando le proprie passioni e competenze. Questo modello di carriera, apparentemente più accessibile e flessibile, attira per la possibilità di conciliare lavoro e passione, oltre alla prospettiva di guadagni significativi.

D'altra parte, esiste anche il bisogno intrinseco di evasione e intrattenimento. Il mondo online è un universo multicolore di giochi, video, musica, film e serie TV, dove immergersi e trovare sollievo dalle pressioni quotidiane e dalla monotonia, oltre ad essere un luogo dove dar sfogo alla creatività attraverso la creazione di contenuti.

Infine, la rete è un luogo di aggregazione e sostegno. Molte comunità online offrono supporto emotivo, consigli e comprensione, diventando rifugi sicuri per chi cerca accettazione e confronto su temi specifici o sui problemi della vita quotidiana.

È fondamentale, quindi, che i genitori comprendano queste motivazioni, accettino il ruolo integrante del digitale nella vita dei propri figli e sappiano guidarli e supportarli in questo viaggio, affinché possano sfruttare le immense potenzialità del mondo online in modo costruttivo e sicuro. Con la giusta guida, i giovani possono navigare questo vasto oceano digitale, scoprendo tesori di conoscenza, formando relazioni significative e costruendo un futuro radiante, senza perdere di vista i valori fondamentali e l'importanza del mondo reale.

.4   Il mito dell'overnight success e la realtà dietro le quinte

Nell'era del digitale, è facile cadere nel tranello dell'"overnight success". Siamo bombardati da storie di giovani che, apparentemente da un giorno all'altro, diventano fenomeni virali, guadagnano milioni e vivono vite da sogno. Queste storie, anche se affascinanti, possono essere fuorvianti, in particolare per i genitori che cercano di capire la realtà dietro la professione dell'influencer.

È essenziale capire che, per ogni influencer che fa "il grande salto" all'improvviso, ci sono migliaia di persone che lavorano instancabilmente dietro le quinte, spesso per anni, prima di ottenere un riconoscimento significativo. Molti di questi giovani creatori di contenuti trascorrono ore a ideare, filmare, montare e promuovere i loro video, blog o post sui social media, spesso senza vedere risultati immediati.

Quello che spesso manca nei racconti popolari sugli influencer è la tenacia, la dedizione e, a volte, le sfide personali e professionali che devono affrontare. La resilienza, la capacità di gestire il rifiuto, la critica e l'incertezza sono qualità essenziali in questo campo.

Come genitori, è fondamentale instillare in nostro figlio il valore del duro lavoro, della perseveranza e dell'autenticità. Mentre è legittimo per un adolescente aspirare al successo e ammirare influencer di successo, è nostro compito garantire che comprendano la realtà dietro il mito.

Può essere utile condividere con i nostri figli storie di influencer che parlano apertamente delle loro lotte, dei periodi di dubbio, delle volte in cui hanno pensato di rinunciare. Questo può aiutarli a vedere oltre l'immagine lucida e perfetta presentata online e a comprendere il duro lavoro e la dedizione necessari per avere successo in qualsiasi campo, non solo come influencer.

Inoltre, i genitori possono incoraggiare i loro figli a sperimentare e a sviluppare una gamma di competenze, in modo che non mettano tutte le loro speranze e aspettative in un'unica direzione. In questo modo, possono trovare una carriera gratificante e significativa, che sia nell'ambito digitale o in un altro settore.

.5   Vantaggi e sfide delle professioni digitali.

Navigando nel vasto oceano dell'era digitale, si svela un panorama di opportunità mai visto prima. Le professioni digitali, con il loro fascino contemporaneo, offrono vantaggi significativi, ma presentano anche delle sfide che non possono essere trascurate.

<u>Vantaggi:</u>

- Flessibilità: Uno dei vantaggi più evidenti delle professioni digitali è la flessibilità. Che si tratti di creare contenuti da un caffè in città o da una spiaggia in Thailandia, il mondo digitale offre la libertà di lavorare da qualsiasi luogo, a condizione che vi sia una connessione internet.
- Autonomia Creativa: Molte professioni digitali, in particolare quelle legate ai social media o alla creazione di contenuti, offrono la possibilità di esprimere sé stessi, di condividere passioni e interessi in modo autentico e unico.
- Opportunità di Networking: Le piattaforme digitali hanno abbattuto barriere geografiche, consentendo connessioni e collaborazioni con persone da tutto il mondo. Questo ha ampliato l'orizzonte di possibilità, permettendo scambi culturali e professionali senza precedenti.
- Potenziale di Crescita Rapida: Mentre molte professioni tradizionali richiedono anni per costruire una carriera, il mondo digitale può offrire, in alcuni casi, percorsi accelerati verso il successo, grazie alla viralità e alla natura interconnessa del web.

<u>Sfide:</u>

- Instabilità: Con grandi opportunità arrivano anche grandi incertezze. La natura effimera di molte piattaforme digitali significa che ciò che è popolare oggi potrebbe non esserlo domani. Di conseguenza, vi è una pressione costante per adattarsi e innovare.
- Concorrenza Intensa: Con milioni di persone che cercano di fare breccia nel mondo digitale, la concorrenza è

spietata. Mantenere un'identità distintiva e rimanere rilevanti può essere una sfida continua.

- Equilibrio tra Vita Lavorativa e Personale: La flessibilità offerta dalle professioni digitali può trasformarsi in una spada a doppio taglio. Senza orari di lavoro chiari, si rischia di farsi sopraffare, mettendo a repentaglio la propria salute mentale e fisica.
- Gestione delle Critiche: Essere online significa essere esposti. Ciò comporta dover affrontare critiche, a volte costruttive, altre volte meno. Gestire l'aspetto emotivo di tale esposizione può essere difficile, in particolare per i giovani.

Come genitori, comprenderne i pro e i contro ci permette di guidare i nostri figli con una visione equilibrata. Possiamo incoraggiarli a sfruttare le opportunità, ma anche a prepararsi alle sfide. Assicurandoci che abbiano una base solida di competenze e valori, possiamo aiutarli a navigare con successo nel dinamico mondo delle professioni digitali.

.5 La percezione distorta: tra realtà e illusione.

Nell'era della connessione 24/7, dove lo schermo di un telefono può facilmente diventare una finestra su un mondo perfetto, è essenziale per i genitori comprendere come i social media influenzino la percezione della realtà dei loro figli.

Mondi Filtrati: Viviamo in un'epoca in cui ogni immagine può essere modificata, filtrata e ritoccata fino alla perfezione. Questo crea un'illusione di vite senza imperfezioni, dove ogni momento è degno di una copertina di rivista. Questa rappresentazione distante dalla realtà può portare i giovani a credere che la loro vita debba confrontarsi con queste "perfezioni", creando sentimenti di inadeguatezza e insoddisfazione.

La Continua Ricerca di Approvazione: La quantità di "mi piace" e commenti diventa un barometro del valore personale. Un post popolare può far sentire un adolescente onnipotente, mentre la mancanza di attenzione può abbatterlo. Questa continua ricerca di validazione esterna può distorcere la percezione di ciò che è davvero importante, mettendo a repentaglio la propria autostima.

Vite Curate: Ciò che vediamo online è spesso una versione curata della realtà. Gli influencer e gli utenti ordinari mostrano solo ciò che desiderano condividere, dando un'immagine parziale e talvolta idilliaca della loro vita. I giovani, ancora in fase di sviluppo del loro senso critico, potrebbero non riuscire a distinguere tra una rappresentazione genuina e una messa in scena.

Confronto Continuo: Il confronto è una trappola in cui è facile cadere. Guardando gli highlight della vita di qualcun altro e confrontandoli con i momenti ordinari o difficili della propria vita, si può facilmente sentirsi inadeguati o fuori posto.

Difficoltà nel Discernimento: Con l'infinità di informazioni disponibili online, diventa impegnativo per i giovani discernere tra ciò che è genuino e ciò che è falso o fuorviante. Le fake news, le teorie del complotto e le informazioni distorte possono confondere e disorientare.

Per un genitore, la chiave sta nell'educare i propri figli a sviluppare un senso critico. Bisogna insegnare loro che la vita online è solo una piccola frazione della realtà complessiva. Le conversazioni aperte, la creazione di uno spazio sicuro per condividere paure e insicurezze, e la promozione di attività offline possono aiutare i giovani a bilanciare la loro percezione.

Man mano che ci avviciniamo al prossimo capitolo, è fondamentale ricordare che il mondo degli influencer non è semplicemente bianco o nero. Mentre esploriamo questo mondo, ci concentreremo sull'importanza di separare la finzione dalla realtà e di dotare i genitori degli strumenti per guidare i loro figli attraverso le sfumature del panorama digitale.

CAPITOLO 2
L'ASCESA DELL'INFLUENCER: MITI E REALTÀ

.1 Definizione di influencer e suo impatto nella società.

In un'epoca in cui le interazioni sociali si sono spostate sempre più verso il digitale, una nuova figura è emersa con una forza impetuosa: l'influencer. Questo termine, ormai saldamente integrato nel nostro vocabolario quotidiano, necessita di una comprensione approfondita, in particolare per i genitori che cercano di navigare attraverso le acque talvolta tumultuose dei media digitali insieme ai propri figli.

Chi è l'influencer?

Alla base, un influencer è un individuo che, attraverso la propria presenza online, esercita un'importante influenza su un determinato pubblico. Spesso dotati di un talento o di una passione specifica, questi individui hanno costruito un seguito leale, con il quale interagiscono regolarmente, spesso su piattaforme come Instagram, YouTube, TikTok e altre.

Gli influencer non sono un fenomeno completamente nuovo. Da decenni, celebrità e figure pubbliche hanno avuto un impatto sulle masse. Tuttavia, ciò che differenzia gli influencer moderni è la loro accessibilità. Non sono necessariamente star del cinema o cantanti famosi; sono individui "normali" che, grazie alla tecnologia, hanno trovato una piattaforma per esprimersi e condividere la loro vita.

L'impatto nella società:

Cambiamento nei canoni estetici: Gli influencer, attraverso le loro condivisioni, spesso creano o rafforzano certi ideali di bellezza e stile. Questo può influenzare notevolmente la percezione di sé dei giovani e i canoni estetici della società.

Nuove modalità di consumo: Con le collaborazioni e le sponsorizzazioni, gli influencer hanno reinventato il marketing. Le raccomandazioni e i tutorial hanno un impatto significativo sulle decisioni di acquisto del pubblico.

Educazione e sensibilizzazione: Molti influencer utilizzano la loro piattaforma per sensibilizzare su temi sociali, ambientali o politici, avvicinando i giovani a questioni di rilievo globale.

Modello di comportamento: Che lo vogliamo o meno, gli influencer spesso diventano modelli per i giovani. Le loro scelte, i valori che promuovono e il loro comportamento vengono osservati e, in molti casi, emulati.

Per i genitori, comprendere il ruolo degli influencer è essenziale. Questi individui hanno un impatto diretto sulle vite dei nostri figli, influenzando non solo ciò che consumano, ma anche come percepiscono il mondo e se stessi.

Tuttavia, come ogni medaglia, anche il fenomeno influencer ha due facce. Mentre molti di loro promuovono valori positivi e creano contenuti educativi, altri possono veicolare messaggi meno costruttivi. Questo ci porta al nostro prossimo punto, "I miti più comuni associati agli influencer", dove esploreremo alcune delle concezioni errate legate a questo mondo e forniremo ai genitori gli strumenti per separare la realtà dalla finzione.

.2 I miti più comuni associati agli influencer.

Mentre ci addentriamo nel mondo degli influencer, è vitale comprendere le idee errate che spesso circondano questo fenomeno. Questi miti possono confondere la percezione dei genitori e influenzare il modo in cui vedono e comprendono le attività online dei propri figli.

1. Vita perfetta 24/7: Una delle concezioni più comuni è che gli influencer vivano vite da sogno senza sforzo. Il loro feed, ricco di immagini scintillanti di vacanze esotiche, cibi gourmet e momenti "perfetti", potrebbe suggerire che la loro esistenza sia senza problemi. Ma come ogni immagine, anche queste sono curate e selezionate, mostrando solo una piccola parte della realtà.

2. Facilità nel guadagno: Molti pensano che diventare influencer significhi guadagnare facilmente. Sebbene alcuni influencer abbiano sicuramente successo, ciò non significa che non lavorino duramente. Dietro ogni post ci sono ore di pianificazione, editing, brainstorming e, a volte, investimenti finanziari.

3. Sempre al centro dell'attenzione: C'è un mito persistente secondo cui gli influencer amano costantemente essere sotto i riflettori. Mentre alcuni apprezzano l'attenzione, molti altri trovano stressante gestire l'aspettativa di essere sempre "accesi" per il loro pubblico.

4. L'opinione dell'influencer è sempre autentica: Con l'ascesa del marketing di influencer, molte aziende pagano per avere i loro prodotti promossi. Ciò può portare a recensioni e opinioni che non sono sempre al 100% genuine. Questo non significa che ogni influencer sia disonesto, ma è fondamentale per i genitori educare i propri figli a essere critici e discernere tra contenuti sponsorizzati e opinioni autentiche.

5. Gli influencer sono "esperti" in ogni campo: Solo perché qualcuno ha un seguito significativo non significa che sia un esperto in ogni argomento. È cruciale distinguere tra chi condivide esperienze personali e chi effettivamente possiede una formazione o una competenza in un particolare campo.

Ai genitori potrebbe sembrare una selva oscura, ma comprendere questi miti è il primo passo per demistificare il mondo degli influencer. La chiave sta nel dialogo: parlate con i vostri figli, chiedete loro cosa ammirano in questi influencer e perché. Insegnate loro a guardare oltre l'immagine curata e a cercare la realtà dietro il post.

E, come preannunciato, dietro l'immagine luccicante c'è una realtà meno conosciuta. Una realtà che può essere tanto affascinante quanto impegnativa. Nel nostro prossimo segmento, "La dura realtà dietro le quinte", daremo uno sguardo approfondito a ciò che accade lontano dalle luci della ribalta, per aiutare i genitori a capire la pressione, le sfide e le aspettative che gli influencer affrontano quotidianamente.

.3 La dura realtà dietro le quinte.

Nel capitolo precedente, abbiamo sfatato alcuni miti comuni sugli influencer, mettendo in luce la loro versione idealizzata. Ora, scaviamo più a fondo, gettando uno sguardo dietro il sipario, lontano dai riflettori e dalle foto curate, per comprenderne la vera essenza.

1. La pressione della consistenza: Gli influencer vivono sotto una pressione costante per produrre contenuti. Un giorno senza postare può significare una perdita di follower o meno visibilità sulle piattaforme. Questa incessante necessità di produrre può portare a stress, burnout e, in alcuni casi, alla creazione di contenuti non autentici solo per "rimanere in gioco".

2. Aspettative e realtà: Mentre il loro feed potrebbe mostrare vacanze esotiche e avventure spettacolari, la realtà può essere ben diversa. Molte di queste "avventure" sono in realtà lavori commissionati, pieni di pressioni per ottenere la foto perfetta o promuovere un prodotto.

3. Isolamento e solitudine: Essere un influencer può sembrare un lavoro di gruppo, ma la verità è che molte volte si tratta di una professione solitaria. L'essere costantemente online può portare a sentirsi disconnessi dal mondo reale, alimentando sentimenti di isolamento.

4. Critiche e hate online: Come ogni persona esposta al pubblico, gli influencer sono spesso bersaglio di commenti negativi, bullismo online e critiche spesso immeritate. Questa costante esposizione alla negatività può avere impatti psicologici profondi, influenzando la loro autostima e benessere mentale.

5. Il confronto costante: La natura delle piattaforme social spinge all'ossessivo confronto con gli altri. Gli influencer sono continuamente bombardati dalle realizzazioni altrui, cosa che può minare la loro autostima e farli sentire inadeguati, nonostante i loro successi.

Per i genitori, riconoscere queste sfide può aiutarli a comprendere meglio le aspirazioni dei propri figli e le pressioni a cui potrebbero andare incontro. Mentre la carriera di influencer può offrire opportunità straordinarie, è essenziale essere consapevoli delle potenziali trappole e sfide.

Risulta pertanto fondamentale, per ogni genitore, avvicinarsi con empatia e comprensione al mondo dei propri figli, dialogando apertamente con loro e facendo domande su come si sentono, sulle loro paure e ambizioni, e sulle pressioni a cui si sentono sottoposti. Questo approccio li aiuterà a navigare nella complessità del mondo online con una maggiore consapevolezza e resilienza.

Ma come in ogni professione o passione, ci sono sia storie di successo che storie di fallimento. Nel nostro prossimo segmento, "Storie di successo vs. storie di fallimento", esploreremo entrambe le facce della medaglia, aiutando i genitori a comprendere i possibili percorsi e a guidare i loro figli attraverso le sfide e i trionfi di questa carriera digitale.

.4 Storie di successo vs. storie di fallimento.

In un mondo dominato dalla cultura digitale, è facile cadere nella trappola della percezione superficiale, dove sembra che ogni influencer stia vivendo un sogno irraggiungibile. Ma come in ogni professione, ci sono due lati della medaglia. Ecco perché è fondamentale per i genitori comprendere le diverse realtà che sottendono queste professioni per poter meglio sostenere e guidare i propri figli.

<u>Storie di successo</u>: Le storie di influencer che hanno raggiunto il successo sono numerose e spesso celebrative. Pensiamo a chi, partendo da una piccola nicchia o da un hobby personale, è riuscito a costruire un impero digitale, ottenendo non solo fama ma anche sicurezza economica. Questi racconti sono fonte di ispirazione per molti giovani, che vedono in loro un modello da emulare. Dietro queste storie di trionfo, tuttavia, ci sono anni di duro lavoro, perseveranza, impegno e talvolta anche una buona dose di fortuna.

<u>Storie di fallimento</u>: Allo stesso modo, ci sono innumerevoli storie di influencer che non sono riusciti a mantenere il loro status o che, dopo un breve periodo di fama, sono stati sopraffatti dalla pressione, dagli imprevisti o dalla feroce concorrenza. Alcuni hanno affrontato crisi personali, burnout o hanno semplicemente deciso che il mondo dell'influenza non faceva per loro. Questi racconti, meno pubblicizzati, sono altrettanto preziosi, perché insegnano l'importanza della resilienza, della flessibilità e del riconoscimento dei propri limiti.

Per i genitori, comprendere queste dinamiche è fondamentale. Ecco alcune considerazioni da tenere a mente:

- Evitare pressioni inutli: Se vostro figlio aspira a diventare un influencer, è fondamentale evitare di metterlo sotto pressione, ricordandogli che il successo online non dovrebbe mai definire il suo valore come individuo.
- Promuovere la diversificazione: Incoraggiate vostro figlio a sviluppare una vasta gamma di abilità e interessi, affinché possa avere diverse opzioni nel caso in cui la carriera di influencer non decolli come sperato.
- Dialogo aperto: Parlate delle storie di successo, ma anche di quelle di fallimento. Condividete le vostre preoccupazioni, ascoltate le loro aspirazioni e cercate di trovare un equilibrio tra sostegno e consapevolezza delle sfide.

Questo panorama ci introduce perfettamente al prossimo tema: "Educare alla discriminazione delle fonti online". I vostri figli saranno inondati di informazioni, storie e testimonianze, ma come possono distinguere ciò che è autentico da ciò che è manipolato o falso? Nella prossima sezione, esploreremo come i genitori possono aiutare i propri figli a navigare nel mare delle informazioni digitali con saggezza e discernimento.

.5 Educare alla discriminazione delle fonti online.

In un'epoca in cui ci siamo abituati a ricevere informazioni con un semplice tocco sullo schermo del nostro smartphone, la capacità di discriminare le fonti online diventa una competenza essenziale. Come genitori, la nostra responsabilità non è solo proteggere i nostri figli dalle insidie del web, ma anche educarli a navigare in maniera critica e consapevole.

Riconoscere le fake news: Spesso, le notizie false o fuorvianti hanno titoli accattivanti progettati per catturare l'attenzione. Bisogna insegnare ai nostri figli a guardare oltre i titoli e ad analizzare il contenuto, verificando la fonte e cercando conferme da canali affidabili. E, soprattutto, non prendere tutto per vero a prima vista.

Controllare le fonti: Anche quando una storia sembra veritiera, è sempre una buona pratica controllare la fonte. Chi ha scritto quell'articolo o fatto quel video? Quali sono le loro credenziali? Hanno un motivo per essere di parte? Imparare a riconoscere le fonti affidabili da quelle meno serie è una competenza preziosa.

Evitare le camere dell'eco: In un mondo digitale, è facile circondarsi solo di voci e opinioni che rafforzano le nostre convinzioni, creando una "camera dell'eco". Insegniamo ai nostri figli l'importanza di esporre sé stessi a diverse prospettive, anche se non sono d'accordo con esse, per sviluppare una visione del mondo più equilibrata.

Promuovere il pensiero critico: Più che mai, dobbiamo incoraggiare i nostri figli a fare domande, a riflettere e a non accettare passivamente le informazioni. Questo non solo li aiuterà online, ma li preparerà anche per le sfide della vita reale.

Discutere e condividere: Come genitori, dobbiamo prendere l'abitudine di parlare con i nostri figli di ciò che vedono e sentono online. Condividere le nostre esperienze, discutere delle notizie e delle storie che emergono, e riflettere insieme sulle lezioni apprese.

E' essenziale riflettere su come tutte queste competenze e conoscenze si inseriscono in un quadro più ampio di comprensione e sostegno. Viviamo in un mondo in cui la tecnologia ha modificato profondamente il modo in cui comunichiamo, apprendiamo e persino come ci definiamo come individui. In quanto genitori, il nostro ruolo non è resistere a questo cambiamento, ma piuttosto comprendere e navigare in esso insieme ai nostri figli. Nel prossimo capitolo, esploreremo come possiamo farlo senza pregiudizi, ma con amore, empatia e discernimento.

CAPITOLO 3
APPROCCIO PARENTALE: COMPRENDERE SENZA PREGIUDIZI

.1 Accettare la passione dei propri figli.

Il desiderio dei figli di entrare nel mondo digitale, che sia come influencer, creatori di contenuti o in qualsiasi altra professione legata al web, può suscitare inquietudine e perplessità in molti genitori. Questa perplessità può nascere da una serie di fattori: l'incertezza delle professioni digitali, la mancanza di familiarità con il settore o, in alcuni casi, semplici pregiudizi legati all'idea che "un lavoro vero" richieda un ufficio e un contratto fisso.

Tuttavia, una delle prime cose che dobbiamo fare come genitori è accettare e comprendere la passione dei nostri figli.

Crescere in un mondo digitale: I nostri figli sono cresciuti in un mondo in cui il digitale non è un "extra", ma una componente fondamentale della loro realtà. Così come per le generazioni precedenti era naturale sognare di diventare astronauti o medici, per molti giovani di oggi è altrettanto naturale aspirare a diventare influencer, youtuber o esperti di marketing digitale.

Ogni passione merita rispetto: La vera passione è una forza potente e può essere la chiave del successo in qualsiasi campo. Invece di scoraggiare o sminuire le aspirazioni dei nostri figli, dovremmo cercare di comprenderle, mostrando interesse e curiosità.

Il cambiamento come unica costante: Le professioni tradizionali stanno cambiando e, in molti settori, le certezze di una volta non esistono più. Anche se può sembrare più sicuro seguire percorsi consolidati, dobbiamo riconoscere che il futuro è in continua

24

evoluzione. Per i nostri figli, il digitale potrebbe rappresentare un'opportunità unica di esprimersi e creare un impatto.

Da spettatori a protagonisti: Accettando la passione dei nostri figli, possiamo passare dal ruolo di spettatori preoccupati a quello di protagonisti attivi. Questo non significa necessariamente diventare esperti del settore, ma semplicemente essere presenti, mostrare supporto e cercare di comprendere.

Confronto e dialogo: La chiave per accettare e comprendere le passioni dei nostri figli è il dialogo. Parliamo con loro, facciamo domande e ascoltiamo le loro risposte. Cerchiamo di capire quali sono le loro motivazioni, i loro sogni e le loro paure.

Concludendo questo sotto-capitolo, possiamo anticipare che il ruolo dei genitori non si limita all'accettazione. Nel "Il ruolo dei genitori nella guida delle scelte", esploreremo come possiamo attivamente guidare e sostenere i nostri figli nelle loro scelte, offrendo loro la nostra esperienza e il nostro sostegno, pur rispettando le loro aspirazioni.

.2 Il ruolo dei genitori nella guida delle scelte.

Nel viaggio che ogni adolescente intraprende verso l'età adulta, i genitori hanno il delicato compito di bilanciare due elementi fondamentali: da un lato, offrire sostegno e guida, e dall'altro, permettere ai figli di sperimentare, fare errori e imparare autonomamente. Quando si parla di scelte professionali, in particolare in un campo fluido e in rapida evoluzione come quello digitale, questa responsabilità diventa ancora più cruciale.

Sostenere, non imporre: L'entusiasmo e la passione dei giovani possono essere irruenti. Il compito dei genitori è quello di sostenere queste energie, ma anche di aiutare i figli a canalizzarle in modo costruttivo. Questo non significa imporre una propria visione o una propria scelta, ma piuttosto offrire strumenti e consigli affinché i giovani possano prendere decisioni informate.

Fornire una prospettiva: Sebbene i genitori possano non essere esperti nel mondo digitale o nelle professioni legate agli influencer, possiedono un'esperienza di vita e una saggezza che può fornire una prospettiva preziosa. Aiutare i figli a vedere una situazione da diverse angolazioni, a considerare pro e contro, può essere fondamentale per evitare scelte avventate.

Educare al rischio: Come in qualsiasi settore, anche nel mondo digitale ci sono rischi. Dalla gestione dell'immagine e della privacy online, alla necessità di evitare truffe o situazioni potenzialmente pericolose. Guidare i figli nella comprensione e nella gestione di questi rischi è essenziale.

Valorizzare l'istruzione: Sebbene il mondo degli influencer possa sembrare lontano dalla formazione tradizionale, l'istruzione gioca un ruolo fondamentale nella preparazione dei giovani a qualsiasi carriera. Incentivare i figli a perseguire una formazione, che sia in ambito digitale o meno, significa dare loro una base solida su cui costruire il proprio futuro.

Imparare insieme: Infine, un modo potente per guidare le scelte dei propri figli è imparare insieme a loro. Questo non significa che ogni genitore debba diventare un esperto di social media o di marketing digitale, ma piuttosto che può essere utile per loro immergersi, anche solo superficialmente, in questo mondo, partecipando a workshop, leggendo libri o semplicemente chiedendo ai propri figli di spiegargli di cosa si tratta.

Incoraggiare i propri figli a seguire le proprie passioni è fondamentale, ma è altrettanto essenziale dotarli delle competenze e delle conoscenze per navigare in un mondo complesso e in continua evoluzione. Questo processo, come vedremo, inizia con un dialogo aperto, attraverso il quale i genitori possono realmente capire le motivazioni dei propri figli e aiutarli a fare le scelte migliori per il loro futuro.

.3 Dialogo aperto: capire le motivazioni.

In un'epoca dominata da schermi, notifiche e messaggi istantanei, il dialogo faccia a faccia assume un valore inestimabile. Quando si tratta di comprendere le motivazioni che spingono i propri figli verso una certa direzione, specialmente nel dinamico mondo del digitale, prendersi il tempo per ascoltare può fare una grande differenza.

Ascolto attivo: Prima di tutto, è fondamentale praticare l'ascolto attivo. Questo significa non solo sentire le parole che i figli pronunciano, ma anche capire il significato dietro di esse. I gesti, gli sguardi, i toni di voce: tutti questi elementi possono rivelare sentimenti ed emozioni che potrebbero non essere espressi apertamente. L'ascolto attivo permette ai genitori di entrare veramente in sintonia con i figli e comprendere cosa muove le loro scelte.

Evitare giudizi prematuri: Una delle barriere più grandi al dialogo autentico è la tendenza a giudicare in anticipo. Se un adolescente esprime il desiderio di diventare un influencer o di intraprendere una carriera nel mondo digitale, può essere facile per i genitori cadere nel tranello di etichettare tali aspirazioni come "frivole" o "improbabili". Tuttavia, per capire veramente, è essenziale mettere da parte questi giudizi e cercare di comprendere il 'perché' dietro la scelta.

Fornire uno spazio sicuro: I giovani sono spesso riluttanti a condividere le proprie emozioni o aspirazioni per paura di essere ridicolizzati o non compresi. Creare uno spazio in cui si sentono al sicuro e supportati è cruciale per incoraggiarli a esprimersi apertamente. Questo non significa necessariamente concordare con ogni loro scelta, ma piuttosto offrire un ambiente in cui si sentono ascoltati e validati.

Chiedere domande aperte: Una tecnica efficace per approfondire le motivazioni è porre domande aperte. Invece di chiedere "Sei sicuro di voler fare questo?", si potrebbe dire "Cosa ti attira di questo mondo?". Questo tipo di domande invita a una riflessione più profonda e permette ai genitori di comprendere meglio le ragioni che stanno alla base delle scelte dei figli.

Valorizzare le motivazioni profonde: Una volta comprese le motivazioni, è importante valorizzarle, anche se non si condivide completamente la scelta. Se un adolescente è attratto dal mondo degli influencer perché è affascinato dalla possibilità di esprimersi creativamente o di fare la differenza su temi a lui cari, questi sono aspetti da valorizzare e su cui costruire.

Nel mondo in rapido cambiamento di oggi, i genitori hanno il compito non semplice di guidare i propri figli attraverso una miriade di scelte e opportunità. La chiave per farlo con successo, risiede nell'educare al discernimento, nell'aiutare i giovani a sviluppare la capacità di valutare le situazioni e prendere decisioni informate.

.4 Educare al discernimento.

Viviamo in un'epoca in cui l'accesso all'informazione è senza precedenti. Internet ci offre una miriade di dati, opinioni e prospettive, e spesso è difficile distinguere ciò che è veritiero da ciò che non lo è. Nel contesto di un mondo digitale sempre più complesso, il discernimento diventa una competenza essenziale per navigare con sicurezza e intelligenza. Ma come possiamo, in quanto genitori, educare i nostri figli a questo prezioso strumento?

Il valore del pensiero critico: Il discernimento ha radici nel pensiero critico. È l'abilità di valutare le informazioni, di metterle in discussione e di trarre conclusioni basate su un'analisi oggettiva. Insegnare ai figli a non accettare ciecamente ogni informazione, ma a interrogarla, a chiedersi "Chi lo dice?", "Per quale motivo?" e "C'è una fonte affidabile dietro?", li aiuterà a sviluppare una visione più equilibrata e consapevole del mondo.

Esercizi pratici: Proporre ai figli esercizi pratici può essere un modo efficace per affinare le loro capacità di discernimento. Ad esempio, potreste guardare insieme un video o leggere un articolo e poi discutere delle fonti, del tono, delle possibili motivazioni dell'autore. L'obiettivo non è seminare sfiducia, ma piuttosto coltivare una mentalità interrogativa e curiosa.

Valori e principi guida: Il discernimento non si basa solo sulla logica, ma anche sui valori. Dialogare con i figli sui principi guida della famiglia, sulle convinzioni etiche e morali, aiuterà a fornire loro una bussola interna con cui confrontare le informazioni e le influenze esterne.

Mondo reale vs mondo virtuale: È essenziale che i figli comprendano la differenza tra il mondo online e il mondo reale. Non tutto ciò che vedono online è una rappresentazione accurata della realtà. Le discussioni aperte su come le persone spesso presentano solo una versione "filtrata" di sé stesse online possono aiutare i giovani a sviluppare una visione più equilibrata e realistica.

Confrontarsi con diverse prospettive: Incoraggiare i figli a esplorare e confrontarsi con diverse prospettive e fonti d'informazione può aiutarli a sviluppare una visione più completa e mattonata dei temi. Non si tratta di confonderli, ma di offrire loro gli strumenti per formare opinioni ben informate.

Il discernimento non è solo un'abilità per navigare nel mondo digitale; è una competenza per la vita. In un'epoca in cui la linea tra realtà e finzione può sembrare sempre più sfocata, garantire che i nostri figli abbiano la capacità di discernere è fondamentale.

Come può un genitore garantire che questo equilibrio sia mantenuto? Come possiamo aiutare i nostri figli a godere delle infinite opportunità offerte dalla tecnologia, pur garantendo loro una vita sana e bilanciata? Non basta solo saper navigare online, ma è essenziale trovare un equilibrio tra il mondo digitale e quello reale, tra la vita trascorsa dietro uno schermo e quella vissuta "fuori".

.5 L'importanza di mantenere un equilibrio tra mondo online e offline.

In un'era dominata dalla tecnologia e dai social media, il confine tra la vita online e quella offline può sembrare sempre più labile. Mentre la digitalizzazione ha aperto porte a infinite opportunità e convenienze, è fondamentale riconoscere l'importanza dell'equilibrio tra questi due mondi. Ma perché è così cruciale, e come possono i genitori guidare i loro figli verso questo bilanciamento?

Il valore intrinseco dell'esperienza offline: La vita al di fuori dello schermo offre esperienze tangibili che nessuna simulazione virtuale può replicare. Dall'odore della pioggia all'abbraccio di un amico, dalla sensazione di sfogliare le pagine di un libro al suono di risate condivise, queste esperienze stimolano i nostri sensi in modo profondo e genuino.

Rischi della sovraesposizione online: La dipendenza da dispositivi elettronici può portare a una serie di problemi, tra cui disturbi del sonno, problemi posturali e riduzione delle capacità sociali. La realtà virtuale, pur essendo affascinante, può creare una sorta di "bolla" che isola l'individuo, privandolo della ricchezza delle interazioni umane e delle esperienze reali.

Stabilire dei limiti: È fondamentale per i genitori stabilire dei limiti chiari riguardo all'uso della tecnologia. Questo non significa proibirne l'uso, ma piuttosto promuovere una gestione consapevole. Momenti come la cena in famiglia, le gite all'aperto o il tempo trascorso a leggere un libro possono diventare delle "zone senza tecnologia", aiutando i giovani a riconnettersi con il mondo reale.

Promuovere hobby e attività offline: Incoraggiare i figli a sviluppare passioni al di fuori del mondo digitale è essenziale. Che si tratti di sport, arte, musica, lettura o qualsiasi altra attività, questi hobby non solo offrono una pausa dallo schermo, ma aiutano anche a sviluppare abilità, autostima e relazioni interpersonali.

Il dialogo come chiave: Parlate con i vostri figli delle loro esperienze online, mostrate interesse senza giudizio. Fate loro comprendere che, mentre il mondo virtuale ha molto da offrire, la vita reale è irriproducibile e preziosa. Discutere apertamente dei pro e contro dell'essere sempre connessi può aiutarli a vedere le cose da una prospettiva più ampia e matura.

In conclusione, l'obiettivo non è demonizzare il mondo online, ma piuttosto sottolineare l'importanza di un equilibrio. Come genitori, abbiamo il compito di guidare i nostri figli attraverso la complessità di questo equilibrio, mostrando con l'esempio e attraverso il dialogo come la vita al di fuori dello schermo può essere altrettanto, se non più, arricchente.

Nel capitolo successivo, affronteremo una tematica strettamente correlata: come aiutare i nostri figli a distinguere tra un talento autentico e le aspirazioni effimere che spesso vengono alimentate dal mondo digitale. In un'epoca in cui la fama sembra essere a portata di click, come possiamo educare i giovani a riconoscere ciò che è autentico e duraturo?

CAPITOLO 4
DISTINGUERE TRA TALENTO E ASPIRAZIONI EFFIMERE

.1 Cosa significa avere un vero talento nel digitale.

Nell'era digitale, le definizioni tradizionali di "talento" possono sembrare sfumate o reinventate. Mentre in passato le competenze erano spesso misurate attraverso anni di studio e pratica, oggi, grazie alla tecnologia, emergono nuove forme di espressione e abilità che possono guadagnare riconoscimento in tempi sorprendentemente rapidi. Ma cosa significa veramente avere un "vero talento" nel mondo digitale? E come possono i genitori aiutare i propri figli a riconoscere e coltivare tali doni?

Riconoscere l'unicità: La vera essenza del talento risiede nell'unicità. Mentre chiunque può replicare un trend o copiare uno stile, il vero talento spicca per la sua originalità. Nel digitale, questo potrebbe tradursi in un modo unico di raccontare storie, di creare contenuti o di interagire con il pubblico. È quella scintilla distintiva che non può essere facilmente replicata da altri.

Consistenza e dedizione: Nonostante le apparenze, il successo nel mondo digitale richiede spesso anni di duro lavoro e dedizione. Chi ha un vero talento tende ad avere una profonda passione per ciò che fa, spingendosi a migliorare e innovare costantemente, indipendentemente dai likes o dalla popolarità.

Valore aggiunto: Il talento autentico porta sempre valore aggiunto. Che si tratti di fornire intrattenimento, educare, ispirare o sollevare questioni importanti, c'è sempre una profondità e un proposito dietro l'opera di chi ha un reale talento. Non si tratta solo di fare ciò che è popolare, ma di contribuire in modo significativo alla comunità o al pubblico a cui ci si rivolge.

Autocritica e crescita: Chi possiede un vero talento nel digitale non si accontenta mai. C'è sempre un desiderio di apprendere, di ricevere feedback e di crescere. Questo spirito di umiltà e continua evoluzione è spesso ciò che separa chi ha una vera passione e talento da chi segue semplicemente una moda.

Come possono i genitori sostenere: Ai genitori spetta il compito di aiutare i figli a distinguere tra il vero talento e l'imitazione superficiale. Ciò significa incoraggiare la pratica e l'apprendimento continuo, fornendo risorse e opportunità, e, soprattutto, ascoltando e osservando. Guardate oltre i numeri dei follower o i likes: cercate segni di dedizione, originalità e passione.

Mentre il mondo digitale ha ridefinito molte delle nostre concezioni tradizionali, l'essenza del vero talento rimane costante. Si tratta di originalità, passione, dedizione e un desiderio incessante di crescere e contribuire.

.2 La differenza tra passione e moda del momento.

Come possono i genitori aiutare i propri figli a navigare in queste acque spesso turbolente? E come assicurarsi che le scelte fatte oggi portino a un futuro gratificante e significativo?

Nel vasto e caleidoscopico mondo digitale, è facile confondere una moda passeggera con una vera passione. Ogni giorno vediamo emergere nuove tendenze, sfide virali, e personalità influenti. Ma come possiamo distinguere ciò che rappresenta una genuina passione da ciò che è solo un'effimera moda del momento? E, soprattutto, come possiamo guidare i nostri figli nel riconoscere questa differenza?

Caratteristiche della moda del momento: Le mode sono, per natura, temporanee. Si manifestano con una rapida ascesa in popolarità, dominano le conversazioni e i feed social per un breve periodo e poi svaniscono, spesso sostituite dalla prossima grande cosa. Sono alimentate dall'effetto "gregge", dove la popolarità nasce non necessariamente dal valore intrinseco, ma dalla semplice ubiquità. Quando i nostri figli esprimono un interesse basato su ciò che "tutti stanno facendo", potrebbe essere un segnale che stanno seguendo una moda.

Caratteristiche della vera passione: La passione, al contrario, ha radici profonde. Non dipende dalla sua popolarità o dalla sua visibilità. Si manifesta in un interesse sostenuto nel tempo, in un desiderio di approfondire, imparare e perfezionarsi, indipendentemente dal riconoscimento esterno. La passione spinge a cercare la maestria, a superare gli ostacoli e a perseguire un obiettivo non per il semplice fatto di essere alla moda, ma perché risuona profondamente con i valori e gli interessi individuali.

<u>Guida per i genitori:</u>

1. **Ascoltare attivamente**: Quando i vostri figli esprimono un nuovo interesse, ascoltateli senza giudizio. Cercate di capire da dove nasce questo interesse. È ispirato da ciò che vedono online? È una risposta a ciò che i loro amici stanno facendo? O nasce da una curiosità genuina?
2. **Stimolare la riflessione**: Incoraggiate i vostri figli a riflettere sui loro interessi. Potrebbero scrivere un diario, parlare con persone che condividono quella passione o semplicemente prendersi un momento per chiedersi perché sono attratti da quel particolare argomento o attività.

3. **Osservare la consistenza**: Se l'interesse persiste nel tempo, cresce e si sviluppa, è probabile che sia radicato in una vera passione. Se svanisce rapidamente e viene sostituito da altro, potrebbe essere semplicemente una moda passeggera.
4. **Fornire risorse**: Se ritenete che l'interesse di vostro figlio derivi da una vera passione, supportatelo fornendo risorse, formazione e opportunità per approfondire.

Distinguere tra moda e passione richiede attenzione, ascolto e una buona dose di intuito. Ma è un'abilità fondamentale nel mondo digitale di oggi.

Una volta identificata una vera passione, possiamo guidare i nostri figli verso una crescita sia personale che professionale, assicurando che le loro aspirazioni siano sostenibili e gratificanti nel lungo termine.

.3 Guidare verso una crescita personale e professionale.

Una volta identificata la vera passione del proprio figlio, il compito successivo per ogni genitore è di nutrirla, guidando il giovane verso una crescita personale e professionale. Questa crescita non riguarda solo lo sviluppo di abilità tecniche o la costruzione di un CV, ma anche l'arricchimento del carattere e la formazione di un'identità solida e consapevole.

Metti radici profonde: La prima cosa da fare è assicurarsi che l'interesse o la passione del giovane abbia radici solide. Questo significa approfondire la conoscenza e la pratica, oltre a sviluppare una comprensione del contesto più ampio. Ad esempio, se un adolescente ha una passione per il design grafico, potrebbe essere utile studiare la storia del design, comprendere le tendenze correnti e anticipare le future.

Impostare obiettivi realistici: Mentre è essenziale sognare in grande, è altrettanto cruciale impostare obiettivi raggiungibili. Questi obiettivi dovrebbero essere S.M.A.R.T. - Specifici, Misurabili, Raggiungibili, Rilevanti e Temporizzati. Aiutare il proprio figlio a stabilire tali obiettivi può fornire una direzione chiara e un senso di realizzazione man mano che vengono raggiunti.

Celebra i piccoli successi: Ogni piccolo traguardo raggiunto è un passo verso il successo complessivo. Celebrare questi momenti non solo rafforza la fiducia in sé stessi, ma insegna anche la resilienza e la perseveranza.

Ricerca di mentori e modelli di ruolo: Ogni campo ha i suoi esperti, e avere qualcuno da ammirare o da cui imparare può essere incredibilmente prezioso. I mentori possono fornire una prospettiva inestimabile, consigli pratici e, talvolta, opportunità che altrimenti non sarebbero disponibili.

Incoraggiare una mentalità di crescita: Gli errori e i fallimenti sono inevitabili. Piuttosto che vederli come fine della strada, dovrebbero essere visti come opportunità di apprendimento. Insegnare ai giovani a vedere sfide e insuccessi come occasioni per crescere e apprendere può aiutarli a sviluppare una mentalità resiliente.

Bilanciare la passione con altre aree della vita: Mentre è essenziale sostenere e coltivare una passione, è altrettanto importante assicurarsi che il giovane abbia un equilibrio nella vita. Ciò significa incoraggiare hobby, attività e amicizie al di fuori della loro area di interesse primario.

Con questi principi in mente, il ruolo dei genitori diventa quello di guida e supporto, piuttosto che quello di direttore. La chiave è fornire le risorse, le opportunità e l'incoraggiamento necessari per permettere ai giovani di esplorare e crescere nella loro passione.

Come genitori, possiamo riconoscere e sostenere le vere abilità dei nostri figli, garantendo che la loro crescita sia armoniosa e coerente con le loro aspirazioni e talenti naturali. Il mondo digitale offre infinite opportunità, ma sta a noi garantire che i nostri figli le affrontino con consapevolezza, preparazione e integrità.

.4 Riconoscere e sostenere le vere abilità.

Nell'era digitale, le capacità e i talenti possono manifestarsi in modi sorprendentemente vari e innovativi. Ogni bambino ha un dono unico; per alcuni potrebbe essere la scrittura, per altri la grafica, il coding, la creazione di contenuti video o persino l'organizzazione di comunità online. Come genitori, riconoscere e sostenere queste abilità autentiche è fondamentale per garantire che i nostri figli non solo prosperino, ma siano anche felici e realizzati.

Guardare oltre gli stereotipi: In primo luogo, è fondamentale liberarsi dei pregiudizi e degli stereotipi tradizionali. Solo perché una capacità non rientra nel canonico elenco delle "abilità accademiche" non significa che sia meno preziosa. La programmazione, ad esempio, può non essere insegnata in molte scuole tradizionali, ma è una competenza inestimabile nel mondo moderno.

Ascoltare più che parlare: Osserva e ascolta tuo figlio. Piuttosto che proiettare le tue aspirazioni su di loro, presta attenzione a ciò che lo entusiasma. A volte, le vere abilità emergono quando meno te lo aspetti, magari mentre interagiscono con un'app o realizzano un progetto personale.

Fornire strumenti e risorse: Una volta identificato un talento o una capacità, fornisci a tuo figlio le risorse e gli strumenti necessari per coltivarlo. Questo potrebbe significare iscriverli a corsi specifici, acquistare software o attrezzature necessarie, o semplicemente dare lo spazio e il tempo per esplorare.

Cercare feedback esterno: Mentre il sostegno familiare è insostituibile, a volte un feedback esterno può offrire una prospettiva preziosa. Istruttori, tutor o professionisti nel campo possono offrire consigli pratici e validazione.

Riconoscere senza soffocare: È fondamentale trovare un equilibrio tra riconoscimento e pressione. Celebrare i successi e le abilità di tuo figlio, senza caricarlo di aspettative non realistiche. La sua abilità dovrebbe essere una fonte di gioia e non un peso.

Incoraggiare la diversità delle competenze: Anche se tuo figlio mostra un talento particolare in un'area, incoraggialo ad esplorare una vasta gamma di interessi. Questa diversità può arricchire il suo talento principale e offrire una visione più ampia del mondo.

Mentre lavoriamo per riconoscere e sostenere le vere abilità dei nostri figli, dobbiamo anche prepararli per le inevitabili sfide. Affrontiamo il problema di come possiamo aiutarli a navigare attraverso potenziali delusioni e frustrazioni, garantendo che mantengano la resilienza e la determinazione nel loro percorso. La realtà è che, anche con un talento autentico, ci saranno ostacoli. La nostra guida e il nostro sostegno saranno fondamentali per aiutarli a superare questi momenti e proseguire con fiducia verso i loro obiettivi.

.5 Prevenire delusioni e frustrazioni.

Il mondo digitale, con tutte le sue meraviglie, porta con sé una realtà ineludibile: delusioni e frustrazioni sono inevitabili. Ogni aspirante YouTuber, sviluppatore di giochi o influencer si imbatterà in ostacoli, riceverà critiche, e potrebbe persino fallire inizialmente. Come genitori, la nostra responsabilità è duplice: preparare i nostri figli per questi momenti difficili e fornire il sostegno necessario quando si presentano.

Anticipare è il primo passo: Una preparazione onesta e realistica è fondamentale. Parla con tuo figlio delle sfide che potrebbe incontrare nel suo percorso digitale. Ad esempio, un video che ha richiesto ore di lavoro potrebbe ottenere poche visualizzazioni, o un progetto potrebbe non avere il riscontro sperato. Aiutarlo a capire che questi momenti non riflettono il loro valore o le loro capacità è essenziale.

Celebrare gli sforzi, non solo i risultati: Inculca nel tuo bambino l'idea che il valore risiede nel processo tanto quanto, se non di più, nei risultati. Celebrare la dedizione, l'impegno e la passione con cui si avvicinano ai loro progetti è tanto importante quanto festeggiare un successo tangibile.

Offrire una prospettiva: Aiuta tuo figlio a capire che ogni grande creatore digitale, ogni influencer di successo, ogni sviluppatore di talento ha affrontato delusioni. Storie come quella di J.K. Rowling, che ha ricevuto numerosi rifiuti prima che "Harry Potter" fosse pubblicato, possono essere fonti di ispirazione.

Strumenti di coping: Insegnare ai tuoi figli metodi efficaci per affrontare la frustrazione e la delusione può prepararli non solo per le sfide digitali, ma per la vita in generale. Questi possono includere tecniche di respirazione, pause strategiche o semplicemente parlare delle proprie emozioni.

Fornire un ambiente sicuro: Assicurati che casa tua sia un luogo in cui tuo figlio possa esprimere le sue preoccupazioni e frustrazioni senza timore di giudizio. L'ascolto attivo da parte tua può fare la differenza tra una piccola delusione e una crisi di fiducia.

Orientare verso il cambiamento: La capacità di adattarsi e riorientarsi è cruciale nel mondo digitale in continua evoluzione. Aiuta tuo figlio a vedere ogni fallimento come un'opportunità di apprendimento, un trampolino di lancio per un nuovo approccio o una direzione diversa.

Se affrontate in modo costruttivo, le delusioni e le frustrazioni possono effettivamente rafforzare il carattere di tuo figlio e prepararlo per successi futuri. Tuttavia, c'è un ulteriore aspetto da considerare: mentre navigano nel mondo digitale, i nostri figli si espongono anche a rischi potenziali.

Con questo in mente, è consigliabile leggere le prossime pagine. Affronteremo la sicurezza online e come possiamo equipaggiare i nostri figli con le conoscenze e gli strumenti necessari per proteggersi dalle insidie del mondo digitale. Come in ogni avventura, la preparazione è la chiave per affrontare ogni sfida con sicurezza e fiducia.

CAPITOLO 5
LA SICUREZZA ONLINE E LE INSIDIE DEL MONDO DIGITALE

.1 I pericoli del mondo online per gli adolescenti.

Nel capitolo precedente, abbiamo discusso della natura mutevole e delle potenziali delusioni del mondo digitale. Tuttavia, esistono anche pericoli più tangibili e immediati che ogni genitore dovrebbe comprendere e di cui discutere apertamente con i propri figli.

Gli adolescenti, con la loro naturale curiosità e il desiderio di esplorare, sono particolarmente vulnerabili ai rischi online. Con la maggiore accessibilità e onnipresenza di Internet, il mondo virtuale è diventato un terreno fertile per minacce che, una volta, erano confinate al mondo reale.

Cyberbullismo: Con l'avvento dei social media e delle piattaforme di condivisione, il cyberbullismo è diventato una triste realtà. Si tratta di atti di bullismo condotti attraverso mezzi digitali, spesso mascherati dall'anonimato. Queste azioni possono avere impatti devastanti sull'autostima e sulla salute mentale di un adolescente.

Predatori online: L'anonimato della rete consente anche a individui malintenzionati di nascondersi dietro false identità, cercando di guadagnare la fiducia di giovani ignari. Questi predatori possono cercare di stabilire relazioni inappropriate o persino cercare incontri nel mondo reale.

Over-sharing e privacy: Molti adolescenti non si rendono conto delle conseguenze a lungo termine della condivisione eccessiva di informazioni personali. Indirizzi, numeri di telefono, e dettagli sulla routine quotidiana possono diventare armi in mano sbagliata.

Dipendenza da Internet e giochi: La gratificazione immediata fornita dai giochi online e dai social media può diventare una dipendenza, interferendo con la vita reale dell'adolescente, il suo rendimento scolastico e la sua salute mentale e fisica.

Disinformazione e fake news: Con la facilità di condividere informazioni online, la disinformazione si è diffusa rapidamente. Gli adolescenti, spesso, non hanno le competenze per discernere tra fonti attendibili e non.

Riconoscere questi pericoli è il primo passo. Ma come genitori, il nostro compito non è solo identificare le minacce, ma anche equipaggiare i nostri figli con gli strumenti e le competenze necessarie per navigare in questo ambiente in modo sicuro e responsabile.

Come possiamo fare? La risposta risiede nell'educazione. Mentre è naturale voler proteggere i nostri figli limitando o monitorando il loro accesso a Internet, una soluzione più sostenibile a lungo termine è insegnare loro come proteggersi.

.2 Insegnare ai figli a proteggersi.

Il mondo online, come abbiamo visto, può nascondere insidie e pericoli, ma con la giusta preparazione e consapevolezza, è possibile navigarlo in sicurezza. Insegnare ai propri figli come proteggersi in rete non è soltanto un compito, ma un dovere di ogni genitore nell'era digitale.

1. Educare alla privacy: Insegnare ai figli l'importanza della privacy online è fondamentale. Questo include non solo il non condividere dettagli personali come indirizzo, numero di telefono o scuola frequentata, ma anche fare attenzione alle informazioni condivise inconsapevolmente attraverso foto o geolocalizzazione.

2. Uso delle impostazioni di sicurezza: Assicurarsi che i vostri figli sappiano come utilizzare le impostazioni di sicurezza e privacy su ogni piattaforma che utilizzano. Questo può includere la creazione di account privati o la limitazione di chi può vedere i loro post.

3. Riconoscere le trappole online: È essenziale insegnare ai ragazzi a riconoscere potenziali truffe, come phishing o falsi giveaway. Discutere di come certi individui possano cercare di manipolarli per ottenere informazioni personali o accesso finanziario.

4. Incentivare il dialogo: Assicurarsi che i vostri figli si sentano a proprio agio nel parlarvi di qualsiasi esperienza sospetta o sgradevole che potrebbero aver avuto online. Questo ambiente aperto di comunicazione può aiutare a prevenire problemi o a risolverli rapidamente se si presentano.

5. Supervisione appropriata all'età: Mentre i bambini più piccoli potrebbero richiedere una supervisione più diretta, con gli adolescenti è possibile optare per una combinazione di fiducia e verifiche periodiche. Strumenti e software di controllo parentale possono essere utili, ma la comunicazione rimane la chiave.

6. Valutare le fonti: Con la sovrabbondanza di informazioni online, è fondamentale che gli adolescenti sappiano come valutare la credibilità delle fonti. Insegnate loro a fare ricerche incrociate e a diffidare di notizie o informazioni che provengono da fonti non verificate.

7. Password forti e uniche: Inculcare l'importanza di utilizzare password complesse, diversificate per ogni piattaforma e di cambiarle regolarmente. Strumenti come i gestori di password possono essere utili in questo contesto.

Con questi fondamenti, i vostri figli saranno meglio preparati a proteggersi dai pericoli più comuni del mondo online. Tuttavia, come accennato precedentemente, ci sono specifiche sfide legate al comportamento altrui, come il cyberbullismo.

Il cyberbullismo, e più generalmente l'atteggiamento degli haters, rappresenta una delle minacce più insidiose del mondo online. Affrontiamo questo tema delicato e discutiamo di come aiutare i nostri figli a gestire e superare queste sfide, proteggendo la loro integrità e il loro benessere mentale. Il dialogo, in questi casi, sarà uno strumento ancora più prezioso.

.3 Cyberbullismo e haters: come affrontarli.

Il cyberspazio, nonostante le sue immense opportunità, presenta anche aspetti oscuri. Tra questi, il cyberbullismo e l'azione degli "haters" spiccano come fenomeni particolarmente preoccupanti, soprattutto quando a subirne le conseguenze sono giovani indifesi.

Cyberbullismo: Si tratta di atti di molestia, denigrazione, umiliazione o minaccia compiuti online nei confronti di una persona. Questo fenomeno può manifestarsi sotto forma di messaggi malevoli, post denigratori, diffusione di informazioni private o foto compromettenti.

Gli haters: Sono individui che, spesso in modo anonimo, diffondono odio e negatività su Internet. Mentre il cyberbullismo è spesso mirato, gli haters possono rivolgere le loro invettive verso chiunque, senza un motivo particolare.

Come affrontarli:

- **Riconoscimento precoce**: Prima di tutto, è essenziale riconoscere i segni. Se notate che vostro figlio è più ritirato ansioso o depresso, potrebbe essere vittima di cyberbullismo. Dialogate con lui, cercando di comprendere le preoccupazioni.
- **Educate alla non reattività**: In molti casi, gli haters e i bulli cercano una reazione. Insegnate ai vostri figli a non alimentare ulteriormente la situazione rispondendo o reagendo emotivamente ai loro attacchi.
- **Documentare e segnalare**: Insegnate ai vostri figli a catturare screenshot e a documentare qualsiasi forma di abuso online. Queste prove possono essere utili per segnalare il comportamento alle piattaforme social o, in casi gravi, alle autorità.
- **Configurazioni di privacy**: Assicuratevi che i profili social dei vostri figli siano impostati con privacy ottimale, limitando le persone che possono vedere o commentare i loro post. Questo può ridurre la probabilità di attacchi da sconosciuti.
- **Supporto emotivo**: Il sostegno emotivo è essenziale. Fare sapere ai vostri figli che non sono soli e che potete affrontare la situazione insieme può fare una grande differenza nel loro benessere mentale.
- **Ricerca di aiuto esterno**: In alcuni casi, può essere utile ricorrere a consulenti scolastici, psicologi o altre risorse comunitarie che possono fornire ulteriore supporto e consigli su come gestire la situazione.
- **Educate sull'importanza dell'empatia**: Insegnate ai vostri figli che dietro ogni schermo c'è una persona vera, con sentimenti

e emozioni. Fomentare l'empatia può prevenire che i ragazzi stessi diventino haters o bulli.

E' fondamentale capire che il cyberbullismo e gli haters sono sfide reali del mondo online. Ma, con l'adeguata preparazione e supporto, è possibile navigare in questo ambiente garantendo la sicurezza emotiva dei vostri figli.

Tuttavia, affrontare il cyberbullismo e gli haters è solo una parte del quadro più ampio della sicurezza online.

La privacy e la sicurezza dei dati sono un argomento cruciale. In un mondo sempre più connesso, garantire che le informazioni personali dei nostri figli rimangano private è un altro passo fondamentale per una navigazione sicura e consapevole.

.4 Privacy e sicurezza dei dati.

Dopo aver affrontato il tema scottante del cyberbullismo e degli haters, giungiamo a un altro nodo fondamentale: la privacy e la sicurezza dei dati. Ogni giorno, quando navighiamo online o usiamo applicazioni, condividiamo, spesso inconsciamente, una mole di dati personali. Ecco perché è vitale comprendere come proteggere tali informazioni e insegnare ai nostri figli a farlo.

La privacy è il diritto di ciascuno di noi di mantenere private certe informazioni sulle proprie vite. Nel mondo digitale, la privacy implica proteggere le proprie informazioni personali da accessi e usi non autorizzati. Non proteggere adeguatamente la privacy può portare a situazioni spiacevoli, dal furto d'identità alla diffusione non autorizzata di foto o dati sensibili.

Come garantire la sicurezza dei dati?

Password robuste: Una delle prime linee di difesa è una password sicura. Insegnate ai vostri figli l'importanza di creare password complesse, combinando lettere, numeri e simboli, e di cambiarle periodicamente. E, ovviamente, di non condividerle.

Impostazioni di privacy: Su social media e altre piattaforme, è essenziale configurare le impostazioni di privacy. Questo limiterà chi può vedere le informazioni e i post del vostro figlio. Fate una revisione periodica di queste impostazioni insieme a loro.

Evitare di condividere troppo: Dialogate con i vostri figli sul concetto di "sovracondivisione". Dettagli come l'indirizzo di casa, la scuola che frequentano, o altri dati personali, non dovrebbero mai essere condivisi online.

Aggiornamenti regolari: Mantenete software e applicazioni aggiornati. Gli aggiornamenti non offrono solo nuove funzionalità, ma spesso correggono vulnerabilità che potrebbero essere sfruttate da malintenzionati.

Attenzione ai download: Non tutti i siti web sono sicuri. Insegnate ai vostri figli a riconoscere e ad evitare siti web potenzialmente dannosi o ingannevoli, e a scaricare contenuti solo da fonti affidabili.

Sospettare delle email: Le email di phishing sono sempre più sofisticate. Imparate e mostrate ai vostri figli come riconoscere email sospette o fraudolente.

La reputazione online può influenzare significativamente la vita reale. Foto, commenti o condivisioni improprie possono tornare a galla anni dopo, influenzando opportunità lavorative o relazionali.

È fondamentale dialogare con i ragazzi su come ciò che condividono oggi potrebbe influenzarli domani.

Dopo aver posto solide basi sulla privacy e la sicurezza dei dati, è necessario affrontare come questi concetti si legano all'utilizzo responsabile dei social media. Ci concentreremo, ora, su come promuovere un uso consapevole e responsabile dei social network, unendo quanto appreso sulla protezione dei dati alla comprensione di come interagire in modo sicuro e costruttivo con gli altri utenti.

.5 Promuovere un utilizzo responsabile dei social.

Proseguendo nel percorso di consapevolezza e sicurezza nel mondo digitale, è indispensabile affrontare l'argomento dei social network. In un'era in cui la condivisione è diventata una seconda natura, è cruciale promuovere un utilizzo saggio e responsabile di tali piattaforme.

- **I social come finestre sul mondo**: I social network sono spesso le lenti attraverso cui i giovani interpretano il mondo. Offrono opportunità di connessione, espressione e apprendimento. Tuttavia, come ogni finestra, ciò che si vede può essere distorto, filtrato o incompleto. È importante insegnare ai giovani ad utilizzare queste "finestre" con discernimento.
- **Condivisione responsabile**: A seguito della discussione sulla privacy e la sicurezza dei dati, dovreste incoraggiare i vostri figli a fare una pausa prima di condividere. "Se condividessi questo in un luogo pubblico fisico, mi sentirei a mio agio?" Se la risposta è no, allora forse non dovrebbe essere condiviso online.
- **Interazione positiva**: I social possono essere luoghi di confronto e discussione, ma è essenziale approcciarsi con

rispetto e empatia. Insegnate ai vostri figli a evitare flame e a non alimentare polemiche. La regola d'oro? Interagisci online come lo faresti di persona.

- **Gestire il tempo**: Uno dei rischi più insidiosi dei social è l'assorbimento eccessivo del tempo. Stabilite insieme dei limiti, magari dedicando momenti della giornata in cui la tecnologia viene messa da parte. Questo aiuterà a mantenere un equilibrio sano tra vita online e offline, un argomento che abbiamo già affrontato in precedenza.

- **Criticità e fake news**: Con la mole di informazioni che circolano, è inevitabile imbattersi in notizie false o fuorvianti. È fondamentale educare al pensiero critico, insegnando a verificare le fonti e non dare per scontato ogni post o articolo letto.

- **Uso dei social come strumento e non come valvola di sfogo**: Questo è un punto delicato. Mentre è naturale voler condividere emozioni e stati d'animo, è fondamentale comprendere che il mondo digitale non è il luogo migliore per gestire problemi personali profondi. Insegnate ai vostri figli a cercare supporto nella vita reale quando ne hanno bisogno.

Il mondo dei social media, pur essendo ricco di opportunità, è anche un territorio in cui navigare con prudenza. La chiave è un equilibrio tra esplorazione e consapevolezza. E, come sempre, il vostro ruolo di genitori è quello di guidare, supportare e, quando necessario, intervenire.

Avendo tracciato un percorso attraverso la sicurezza online, il prossimo capitolo ci porterà oltre il mondo degli influencer, esplorando altre significative opportunità nel digitale. Perché, sebbene gli influencer dominino spesso le classifiche di popolarità, il digitale è un universo vasto e variegato, con mille sentieri da esplorare. E non vediamo l'ora di intraprendere questo viaggio con voi nel prossimo capitolo.

CAPITOLO 6
OLTRE GLI INFLUENCER: ALTRE OPPORTUNITÀ NEL DIGITALE

.1 La varietà delle professioni nel digitale.

Mentre avanziamo nel nostro percorso di scoperta del mondo digitale, diventa evidente che il panorama delle opportunità professionali va ben oltre il fenomeno degli influencer. Per molti giovani, l'idea di successo online si lega principalmente a YouTube, Instagram, TikTok e simili. Ma, cara lettrice e caro lettore, il digitale è un universo in continua espansione, e le professioni che ne derivano sono molteplici e incredibilmente diverse tra loro.

- **La dimensione nascosta del web**: Se immaginiamo il mondo digitale come un iceberg, gli influencer rappresenterebbero solo la punta emergente, mentre sotto la superficie si nasconde una vasta gamma di professioni, spesso meno visibili al grande pubblico ma altrettanto fondamentali.
- **Designer e creativi**: Ogni applicazione che i vostri figli scaricano, ogni sito che visitano, dietro ha un team di designer che pensano a come rendere l'interfaccia user-friendly e attraente. Questi professionisti combinano competenze artistiche e tecniche per creare esperienze digitali.
- **Sviluppatori e programmatori**: Sono coloro che danno vita alle idee. Grazie alla loro competenza, ciò che era solo un concetto diventa un'applicazione funzionante o un sito web. La programmazione, inoltre, non è un campo monolitico: ci sono specializzazioni per ogni tipo di piattaforma e linguaggio.
- **Professionisti del marketing digitale**: Questi esperti sanno come raggiungere il pubblico giusto nel momento giusto, utilizzando strumenti come la pubblicità pay-per-click,

l'ottimizzazione dei motori di ricerca e il marketing sui social media.

- **Scrittori e redattori di contenuti**: Anche se non sempre al centro della scena come gli influencer, gli scrittori di contenuti digitali svolgono un ruolo cruciale, fornendo informazioni, intrattenimento e valore attraverso testi ben scritti e ben ricercati.
- **Esperti in sicurezza informatica**: Come abbiamo discusso nel capitolo sulla sicurezza online, proteggere le informazioni in rete è fondamentale. Gli esperti in sicurezza informatica sono quelli che difendono le organizzazioni da attacchi e violazioni.
- **Analisti di dati**: In un'epoca in cui "i dati sono il nuovo petrolio", coloro che sanno come interpretarli e tradurli in azioni concrete sono estremamente ricercati.
- **Professioni emergenti**: Oltre a queste, ogni anno emergono nuove professioni legate alle innovazioni tecnologiche, come specialisti in realtà virtuale o esperti in intelligenza artificiale.
-

Il bello del mondo digitale è che è in continua evoluzione, e con esso anche le opportunità professionali. Ed è proprio qui che, come genitori, potete svolgere un ruolo fondamentale: aiutando i vostri figli a vedere oltre l'ovvio, a riconoscere e ad approfondire le molteplici carriere che il digitale può offrire.

E ora che abbiamo delineato la vastità delle opportunità nel campo digitale, nel prossimo punto esploreremo alcuni esempi concreti di carriere di successo che vanno al di là del mondo degli influencer. Storie di individui che, magari partiti da una semplice passione o curiosità, hanno saputo navigare il vasto oceano digitale trovando la loro vera vocazione.

.2 Esempi di carriere di successo al di là degli influencer.

Se il capitolo precedente ha aperto le porte al vasto universo delle opportunità professionali nel digitale, adesso ci immergeremo in alcune storie concrete. Storie di persone che, pur non essendo influencer in senso stretto, hanno trovato nel digitale la loro strada verso il successo.

<u>Silvia, l'esperta di User Experience (UX)</u>: Silvia era sempre stata affascinata da come le persone interagiscono con le tecnologie. Dopo aver studiato psicologia, ha deciso di specializzarsi nella User Experience. Oggi, Silvia lavora per un'importante azienda tecnologica, progettando interfacce intuitive che rendono l'esperienza dell'utente fluida e piacevole. La sua preparazione in psicologia la aiuta a comprendere profondamente le esigenze e le aspettative degli utenti.

<u>Luca, il mago della sicurezza informatica</u>: In giovane età, Luca era un appassionato di enigmi e puzzle. Questa passione lo ha portato a interessarsi alla sicurezza informatica, un campo in cui è essenziale "pensare come un hacker" per prevenire potenziali attacchi. Dopo aver ottenuto le giuste certificazioni, ora Luca è un consulente ricercato che aiuta le aziende a proteggere i loro dati.

<u>Martina, la storyteller digitale</u>: Martina ha sempre avuto una passione per la scrittura. Dopo aver conseguito una laurea in letteratura, ha deciso di abbracciare il digitale. Oggi, è una content strategist per un grande brand, creando narrazioni coinvolgenti che viaggiano attraverso blog, siti web e piattaforme social.

<u>Alessio, l'analista di dati</u>: Alessio era un ragazzo curioso, con una passione per i numeri e le storie che potevano raccontare. Dopo aver studiato statistica, ha iniziato a lavorare come analista di dati per un'agenzia di marketing, dove trasforma enormi quantità di informazioni grezze in insight preziosi per le strategie aziendali.

Queste sono solo alcune delle tante storie di successo nel mondo digitale. Ciò che le accomuna è la capacità di vedere oltre il panorama superficiale del digitale, abbracciando le sue profondità e specializzandosi in aree specifiche. Questi professionisti hanno combinato le loro passioni personali con le opportunità offerte dal mondo digitale, creando carriere gratificanti e di successo.

Ora, ci si potrebbe chiedere: come si preparano i giovani per queste carriere? Come possono i genitori guidare i propri figli verso una formazione che li prepari al meglio per il futuro digitale?

Il prossimo punto affronterà proprio questo argomento, esplorando come la formazione e la preparazione siano essenziali per navigare con sicurezza e successo nel vasto oceano delle opportunità digitali. Perché, se è vero che il talento è una componente importante, è anche vero che la formazione e l'aggiornamento continuo sono la vera chiave per aprire le porte del successo nel mondo digitale.

.3 Formazione e preparazione per il mondo digitale.

Nel vivace ecosistema del digitale, la formazione e la preparazione rivestono un ruolo fondamentale. Mentre abbiamo esplorato diverse carriere di successo al di là degli influencer, emerge chiaramente un filo conduttore: la necessità di una formazione adeguata e mirata.

Cari genitori, non abbiate timore! Non stiamo parlando di trasformare voi o i vostri figli in esperti informatici in un batter d'occhio. Si tratta piuttosto di comprendere le competenze di base e avanzate che possono fare la differenza in un mondo sempre più digitale.

1. I Fondamenti della Formazione Digitale:

- <u>Alfabetizzazione informatica</u>: Questo non si limita a sapere come accendere un computer. È la comprensione delle operazioni fondamentali, dal salvataggio di file alla navigazione sicura in rete.
- <u>Programmazione</u>: Mentre non tutti diventeranno sviluppatori, avere una conoscenza di base della programmazione può essere un enorme vantaggio in molte carriere digitali.
- <u>Media digitali</u>: Comprendere come funzionano i media digitali, dalla creazione di contenuti alla loro distribuzione, è essenziale in un'era in cui la comunicazione online è fondamentale.

2. Specializzazioni:

- <u>Design e User Experience (UX):</u> Come abbiamo visto con Silvia, capire come gli utenti interagiscono con le piattaforme digitali è cruciale.
- <u>Sicurezza informatica</u>: Un campo in crescita, dato l'aumento delle minacce informatiche.
- <u>Analisi dei dati</u>: Viviamo nell'era del Big Data. Saper interpretare e utilizzare questi dati è una competenza molto richiesta.

3. Soft skills nel mondo digitale:

- <u>Pensiero critico</u>: In un mondo di informazioni sovraccaricate, saper discernere e valutare fonti e informazioni è essenziale.
- <u>Lavoro di squadra e comunicazione</u>: Molte professioni digitali richiedono collaborazione e una comunicazione efficace, sia online che offline.
- <u>Apprendimento continuo</u>: Il digitale evolve rapidamente. La capacità di apprendere e adattarsi è fondamentale.

Ma dove inizia tutto questo? La scuola è il primo passo. Molti istituti offrono ormai corsi di informatica e programmazione. Ma anche al di fuori dell'ambito scolastico, esistono molteplici risorse: corsi online, workshop, seminari e molto altro. Genitori, il vostro ruolo può essere quello di incoraggiare e sostenere. Esplorate insieme ai vostri figli queste opportunità, magari partecipando a un workshop di programmazione per famiglie o esplorando piattaforme di e-learning.

Un'altra componente essenziale della formazione è l'esperienza pratica. Stage, tirocini o semplicemente progetti personali possono fornire una preziosa esperienza pratica e un vantaggio competitivo nel mondo del lavoro.

In conclusione, mentre le opportunità nel digitale sono vaste e variegate, la formazione e la preparazione rimangono fondamentali. Le tendenze e le opportunità nel digitale continuano a evolversi. Genitori, è fondamentale non solo guidare i propri figli nel presente, ma anche prepararli per le opportunità emergenti e le tendenze future del mondo digitale.

.4 Opportunità emergenti e tendenze future.

Il mondo digitale è un'entità viva, in continua evoluzione. Se c'è una certezza, è che il paesaggio digitale di domani sarà diverso da quello di oggi. Quindi, cari genitori, come potete aiutare i vostri figli a navigare in questo mare in costante mutamento e a cogliere le opportunità emergenti?

1. Intelligenza Artificiale e Machine Learning:

L'intelligenza artificiale (IA) sta rivoluzionando settori che vanno dalla medicina alla finanza. Non si tratta solo di costruire robot, ma di creare sistemi che possono 'apprendere' e 'pensare' in modo autonomo. Anche se i vostri figli non diventano esperti di IA, comprendere le basi può offrire loro un vantaggio competitivo in numerose carriere.

2. Realtà Virtuale e Aumentata (VR/AR):

Non più solo strumenti di gioco, VR e AR stanno trovando applicazioni in campo medico, educativo e persino nell'immobiliare. Immaginate un architetto che usa la VR per mostrare una casa prima ancora che sia costruita, o medici che utilizzano la AR per effettuare interventi chirurgici complicati.

3. Blockchain e criptovalute:

Oltre al famoso Bitcoin, la tecnologia blockchain sta trovando applicazioni in settori come la sanità, la finanza e la logistica. Può sembrare complesso, ma avere una comprensione di base di come funzionano può aprire porte in settori inaspettati.

4. Internet delle Cose (IoT):

Con sempre più dispositivi connessi, dall'illuminazione di casa ai frigoriferi, le competenze relative all'IoT saranno sempre più richieste. Questo riguarda non solo la creazione di questi dispositivi, ma anche la sicurezza e la gestione dei dati che generano.

5. Economia dei gig e freelance digitali:

Sempre più persone stanno scoprendo opportunità lavorative al di fuori di quelle tradizionali. La possibilità di lavorare da remoto, su progetti specifici, offre una flessibilità mai vista prima. Questo però richiede anche nuove competenze, come la gestione del tempo e l'imprenditorialità.

Ma, con tutte queste tendenze emergenti, come fare per restare al passo? Ecco qualche suggerimento:

- **Formazione continua**: Come abbiamo discusso nel punto precedente, l'apprendimento non si ferma mai. Che si tratti di corsi online, workshop o seminari, c'è sempre qualcosa di nuovo da imparare.
- **Networking**: Partecipare a eventi del settore o aderire a gruppi professionali può offrire una visione privilegiata delle ultime tendenze.
- **Sperimentazione**: Se i vostri figli mostrano interesse per una nuova tecnologia o tendenza, incoraggiateli a esplorarla. Potrebbe essere attraverso un progetto personale o un nuovo hobby.

Mentre esploriamo queste tendenze, è fondamentale ricordare che ogni individuo ha il proprio percorso. Quello che funziona per uno potrebbe non funzionare per un altro. Ed è qui che entra in gioco il nostro prossimo punto: comprendere e sostenere le diverse ambizioni dei vostri figli. Perché, al di là delle competenze e delle tendenze, ciò che conta veramente è la passione, la determinazione e il desiderio di fare la differenza nel mondo. E genitori, siete voi il sostegno più grande che i vostri figli potrebbero mai avere nel loro viaggio nel mondo digitale.

.5 Sostenere le diverse ambizioni dei propri figli.

In un mondo in cui le opportunità e le tendenze cambiano rapidamente, una sfida che i genitori affrontano è come supportare le ambizioni, spesso mutevoli, dei propri figli. La passione per un settore può scatenare il desiderio di esplorare un altro, e in questo viaggio di scoperta, i figli hanno bisogno di una guida comprensiva e di un sostegno incondizionato.

1. Ascolto Attivo: Prima di tutto, ascoltare. E non solo sentire, ma veramente ascoltare. Quando i vostri figli condividono le loro aspirazioni, sogni o preoccupazioni, dimostrate autentico interesse. Ciò non solo rafforza il legame tra voi, ma fornisce anche una piattaforma di fiducia sulla quale i giovani possono costruire.

2. Esplorazione e Apertura: Incoraggiate la curiosità. Se il vostro figlio esprime interesse per un'area, come la programmazione, l'arte digitale o la scrittura, esplorate insieme le possibilità. Questo può significare l'iscrizione a un corso, la visita a una fiera del settore o la ricerca online di professionisti che hanno percorso strade simili.

3. Celebrare i Fallimenti: Sì, avete letto bene. In un'epoca in cui la resilienza è una competenza chiave, è essenziale insegnare ai giovani che gli errori e i fallimenti sono semplicemente passi verso il successo. Ogni insuccesso è una lezione di vita, un'opportunità per crescere e imparare

4. Fornire Strumenti e Risorse: Mentre il vostro ruolo come genitore non è quello di avere tutte le risposte, potete indirizzare i vostri figli verso le risorse giuste. Che si tratti di corsi online, libri, mentor o gruppi di networking, avere gli strumenti giusti può fare la differenza.

5. Stabilire un Equilibrio: Mentre sosteniamo le ambizioni digitali dei nostri figli, è cruciale ricordare l'importanza dell'equilibrio. Il mondo digitale è vasto e affascinante, ma la vita al di là dello schermo è altrettanto preziosa.

In definitiva ogni bambino ha un percorso unico. In un'epoca in cui la definizione di "successo" è in continua evoluzione, la cosa più importante che possiamo fare come genitori è fornire un ambiente in cui i nostri figli si sentano sostenuti, valorizzati e liberi di perseguire le loro passioni, qualunque esse siano. Non si tratta di spingerli in una direzione specifica, ma di camminare al loro fianco, fornendo guida quando necessario e spazio per esplorare e crescere.

Ricordate, genitori, che le ambizioni dei vostri figli potrebbero non seguire un percorso lineare. E va bene così. Il mondo digitale offre infinite opportunità, ma ciò che conta veramente è che i vostri figli siano felici, appagati e pronti a affrontare le sfide con resilienza e integrità.

E mentre li sosteniamo nelle loro avventure digitali, non dimentichiamo di incoraggiare anche la connessione con il mondo reale, con le sue bellezze, sfide e lezioni.

CAPITOLO 7
LA VITA REALE: OLTRE LO SCHERMO

.1   L'importanza delle relazioni autentiche.

In un'epoca dominata dalla tecnologia, dove le interazioni online diventano sempre più frequenti, c'è una tendenza ad allontanarsi dalle relazioni autentiche. Mentre il mondo digitale offre una miriade di vantaggi, come la possibilità di connettersi con persone da tutto il mondo in un istante, non può mai sostituire il valore e la profondità delle relazioni autentiche nella vita reale.

Per i genitori, comprendere l'importanza delle relazioni autentiche è essenziale non solo per il proprio benessere, ma anche per quello dei propri figli. Ecco alcuni motivi per cui dovremmo valorizzare e incoraggiare relazioni profonde e genuine:

1. L'umanità oltre lo schermo:

Mentre le emoji e i messaggi di testo possono trasmettere sentimenti, non possono replicare la magia di un abbraccio, la gioia di un sorriso o il calore di una risata condivisa. Le emozioni umane sono complesse e vanno al di là di ciò che può essere condiviso attraverso uno schermo.

2. Sviluppo socio-emotivo:

Le interazioni face-to-face aiutano i giovani a sviluppare competenze socio-emotive cruciali. Attraverso le relazioni autentiche, imparano l'empatia, la pazienza, la comprensione e l'ascolto - competenze che sono fondamentali per la loro crescita personale e professionale.

62

<u>3. Condivisione di esperienze:</u>

Non c'è nulla di paragonabile alla condivisione di esperienze dal vivo. Che si tratti di un viaggio, di una passeggiata nel parco o di un pasto condiviso, questi momenti diventano ricordi preziosi che influenzano e modellano la nostra percezione del mondo.

<u>4. Resilienza e supporto:</u>

Quando affrontiamo sfide nella vita, sono le relazioni autentiche che ci offrono sostegno e conforto. Una chat online può offrire consolazione temporanea, ma la presenza fisica e l'ascolto attivo di qualcuno che ci tiene veramente a noi sono insostituibili.

Ora, potreste chiedervi: come possiamo, come genitori, incoraggiare e nutrire relazioni autentiche in un mondo sempre più digitale? Ecco alcuni suggerimenti:

- **Tempo di qualità**: Dedicate del tempo di qualità ai vostri figli lontano dalla tecnologia. Che si tratti di una serata in famiglia, di un weekend all'aperto o di una semplice passeggiata, questi momenti possono rafforzare il vostro legame.
- **Incoraggia la socializzazione**: Incoraggia i tuoi figli a trascorrere del tempo con i loro amici di persona. Questo può aiutare a sviluppare relazioni profonde e significative.
- **Comunicazione aperta**: Mantieni le linee di comunicazione aperte con i tuoi figli. Parlate delle vostre giornate, condividete esperienze e ascoltate le loro preoccupazioni o successi.

Ricordate che, mentre il mondo digitale offre opportunità straordinarie, è essenziale non perdere di vista l'importanza delle relazioni autentiche. Non solo per il benessere emotivo, ma anche come fonte inestimabile di ispirazione e crescita.

.2   Il mondo offline come fonte di ispirazione e crescita.

Caro genitore, hai mai osservato il viso illuminato di tuo figlio mentre esplorava un giardino, toccava i petali di un fiore o ascoltava il canto di un uccello? Oppure hai notato la curiosità nei suoi occhi quando visitava un museo o partecipava a un workshop artistico? Ecco, questi sono momenti in cui il mondo offline diventa una fonte inesauribile di ispirazione e crescita.

- **Esplorare il Mondo Tangibile**: Il mondo digitale, con le sue applicazioni, videogiochi e piattaforme social, offre stimoli incessanti. Ma nulla può eguagliare la ricchezza sensoriale del mondo reale. Il vento sui capelli, l'odore della terra bagnata, il calore del sole: sono esperienze tangibili che ispirano, innescano la creatività e offrono lezioni preziose sulla vita e sull'ambiente che ci circonda.
- **Interazioni Umane Autentiche**: Abbiamo già discusso dell'importanza delle relazioni autentiche. Interagire con gli altri di persona, osservare il linguaggio del corpo, rispondere a sfumature emotive, aiuta i giovani a sviluppare abilità interpersonali fondamentali. Attraverso queste interazioni, imparano a comprendere meglio se stessi e gli altri.
- **Stimolare la Curiosità**: Ogni nuova avventura fuori casa può diventare una lezione di vita. Una visita in biblioteca, ad esempio, può trasformarsi in un viaggio tra culture diverse e epoche passate. Una gita in campagna o in montagna può diventare una lezione pratica di biologia e geografia.

- **Rischi e Sfide Reali**: Mentre nel digitale si può sempre premere il pulsante "restart", nella vita reale dobbiamo affrontare le conseguenze delle nostre azioni. Questo insegna ai giovani a ponderare le decisioni, ad affrontare sfide e a crescere attraverso le esperienze.

Ora, come possiamo, in quanto genitori, aiutare i nostri figli a trarre ispirazione dal mondo offline?

1. Pianificare Attività Fuori Casa: Organizza gite in famiglia, visita musei, parchi, riserve naturali o partecipa a workshop locali. Ogni luogo offre opportunità uniche di apprendimento e crescita.

2. Stabilire Periodi Senza Tecnologia: Dedicare del tempo senza dispositivi può aiutare a riconnettersi con la realtà circostante. Questo non solo riduce la dipendenza dal digitale ma promuove anche la creatività e l'auto-riflessione.

3. Sostenere Hobby e Passioni: Se tuo figlio mostra interesse per una determinata attività, come la pittura, la danza o la musica, incoraggialo. Queste passioni arricchiscono l'anima e offrono un'alternativa sana alla costante stimolazione digitale.

Ricorda sempre che la crescita è un processo che si nutre di esperienze diverse. E mentre il mondo digitale ha indubbiamente il suo valore, il mondo offline offre risorse incommensurabili per l'ispirazione e la crescita personale.

.3 Evitare la dipendenza dal digitale.

Caro genitore, hai mai notato quanto spesso ti ritrovi a controllare il tuo smartphone, anche quando non c'è una notifica che ti chiama? Questo comportamento è diventato così comune che spesso non ci rendiamo conto di quanto siamo immersi nel digitale. Ora, immagina quanto possa essere intensa questa immersione per i nostri figli, nati e cresciuti nell'era della tecnologia.

Il mondo digitale ha aperto molte porte: possibilità di apprendimento, connessioni globali, intrattenimento e informazione al tocco di uno schermo. Ma come ogni cosa, anche questo ha un rovescio della medaglia. La dipendenza dal digitale è una realtà che molti affrontano, in particolare i giovani.

- <u>Comprendere la Dipendenza:</u>

Prima di tutto, è importante capire cosa significhi veramente "dipendenza dal digitale". Non si tratta solo del tempo trascorso davanti a uno schermo, ma anche di come questo tempo influenzi il comportamento, l'umore e le relazioni di una persona. Un segno tangibile può essere l'ansia o l'irritabilità quando non si ha accesso ai dispositivi o ai social media.

- <u>Le Conseguenze:</u>

Una costante immersione nel digitale può portare a problemi di salute come la vista affaticata, disturbi del sonno e postura scorretta. Ma le implicazioni vanno oltre il fisico: la dipendenza può influire sulle relazioni, sul rendimento scolastico e sulla capacità dei giovani di gestire lo stress e le emozioni.

- <u>Stabilire Limiti Chiari:</u>

Uno dei modi più efficaci per prevenire la dipendenza è stabilire limiti chiari. Questo potrebbe significare fissare orari specifici durante i quali i dispositivi possono essere utilizzati o avere delle "zone senza tecnologia" in casa. Questi limiti aiutano i ragazzi a disconnettersi regolarmente, ricordando loro che c'è un mondo al di fuori dello schermo.

- <u>Offrire Alternative:</u>

Per evitare che i nostri figli si rifugino nel digitale, possiamo proporre alternative coinvolgenti. Dalla lettura alla cucina, dal giardinaggio all'arte, ci sono innumerevoli attività che possono arricchire la loro vita.

- <u>Comunicare e Comprendere:</u>

Infine, è fondamentale mantenere aperte le linee di comunicazione. Chiedi ai tuoi figli come si sentono rispetto al tempo trascorso online e ascolta le loro preoccupazioni o ansie. La comprensione reciproca è essenziale per affrontare la questione.

Evitare la dipendenza dal digitale non significa demonizzare la tecnologia. Si tratta piuttosto di promuovere un utilizzo equilibrato e consapevole. In un mondo sempre più connesso, è nostra responsabilità come genitori guidare i nostri figli verso un rapporto sano con il digitale, ricordando loro le gioie e le opportunità che il mondo offline ha da offrire. E come faremo a incentivare questi momenti al di fuori del web?

.4 Promuovere hobby e attività al di fuori del web.

Carissimi genitori, abbiamo parlato delle sfide e delle distrazioni che il mondo digitale può portare nelle vite dei nostri ragazzi. Ma qui, nel cuore dell'argomento, vogliamo esplorare il bellissimo mondo delle opportunità al di fuori del raggio d'azione del Wi-Fi.

- **Riscoprire la Magia degli Hobby Tradizionali**: Hai mai riflettuto su come i tuoi passatempi da giovane fossero intrisi di creatività, movimento e curiosità genuina? Dalla pittura, alla scrittura, dal modellismo alla danza, gli hobby tradizionali hanno un modo unico di arricchire l'anima. Introduci i tuoi figli a queste attività. Potresti scoprire che hanno un talento nascosto o una passione ardente per qualcosa che non avevi mai considerato.
- **Sport e Attività Fisica**: L'energia dei giovani ha bisogno di un'uscita. Lo sport non solo aiuta nel mantenimento fisico, ma insegna anche il valore del lavoro di squadra, la disciplina e la gestione della sconfitta. Dai giochi di squadra come calcio o pallavolo, agli sport individuali come il nuoto o la danza, c'è qualcosa per ogni giovane entusiasta.
- **La Natura Come Maestra**: Una passeggiata nel bosco, una giornata in montagna o un pomeriggio in un orto possono fare miracoli. La natura ha il potere di calmare, ispirare e insegnare. Il giardinaggio, per esempio, può diventare un hobby meraviglioso, insegnando pazienza e osservazione, mentre un'escursione può mostrare la bellezza del nostro pianeta.
- **Arte e Cultura: Visite a musei, gallerie d'arte o teatri:** possono aprirgli un mondo di meraviglia. Non sottovalutare l'importanza dell'esposizione culturale nella formazione di un giovane. Queste esperienze possono ampliare i loro orizzonti, stimolare la curiosità e instillare un amore per l'apprendimento che va oltre la scuola.
- **Laboratori e Workshop**: Molti centri comunitari e biblioteche offrono laboratori su una varietà di argomenti: dalla ceramica alla scrittura creativa. Sono opportunità perfette per i tuoi figli di sviluppare nuove competenze e interagire con coetanei con interessi simili.

Ora, mentre queste attività sono senza dubbio entusiasmanti, la chiave è l'equilibrio. La sfida non è semplicemente quella di allontanare i giovani dalla tecnologia, ma di mostrar loro che esistono infinite fonti di gioia e apprendimento al di fuori dello schermo.

E qui entra in gioco un aspetto cruciale: mentre incoraggiamo i nostri figli a esplorare il mondo oltre il digitale, dobbiamo anche fare attenzione a rafforzare la connessione familiare. Queste attività e hobby non solo servono come un antidoto al sovraccarico digitale, ma diventano anche preziosi momenti condivisi, creando ricordi che durano una vita.

Queste esperienze possono diventare il collante che unisce la famiglia, garantendo che mentre i nostri figli crescono e si sviluppano, la famiglia rimane al centro della loro esistenza.

.5   Rafforzare la connessione familiare.

Nel cuore di ogni casa, oltre i muri e i pavimenti, c'è un legame invisibile ma potente: la connessione familiare. In un'era dominata dalla tecnologia, dove le distrazioni sono a portata di mano, rafforzare questo legame è fondamentale.

- **Il Tempo di Qualità, non la Quantità**:

Hai mai sentito dire "la qualità è meglio della quantità"? Questo è particolarmente vero quando si tratta di tempo con la famiglia. Non è tanto il tempo che passiamo insieme, ma come lo passiamo. Un'ora di dialogo sincero può valere più di un intero giorno passato insieme davanti alla TV. Ecco perché è essenziale creare momenti di qualità, dove tutti i dispositivi sono messi da parte e l'attenzione è totalmente rivolta l'uno all'altro.

- **Cenare Insieme**:

Sembrerà un gesto semplice, ma cenare insieme, senza distrazioni, può diventare un rituale sacro. Questo momento quotidiano è un'occasione per condividere, discutere e ridere. Per molti, è un'opportunità per riconnettersi dopo una lunga giornata.

- **Attività Condivise**:

Abbiamo discusso di hobby e attività fuori dal web. Perché non trasformare queste attività in momenti condivisi? Che si tratti di un progetto di giardinaggio, una passeggiata serale o un hobby artistico, fare qualcosa insieme rafforza la complicità.

- **Ascoltare Senza Giudicare**:

I giovani, in particolare gli adolescenti, attraversano fasi di grandi cambiamenti e sfide. Spesso, hanno solo bisogno di qualcuno che li ascolti. Come genitori, è essenziale offrire un orecchio attento e un cuore aperto, senza precipitarsi a giudicare o offrire soluzioni. La sola sensazione di essere compresi può fare miracoli per la loro autostima e sicurezza.

- **Weekend e Viaggi Insieme**

Dedicare del tempo lontano dalla routine quotidiana, magari in una breve gita o in una vacanza, può aiutare a rafforzare il legame familiare. Queste esperienze condivise diventano ricordi preziosi e offrono l'opportunità di scoprire nuovi luoghi e culture insieme.

- **Celebra le Piccole Vittorie**:

Ogni piccolo successo, che si tratti di un buon voto a scuola o di una piccola realizzazione personale, meritano di essere celebrati. Questi momenti positivi rafforzano il senso di appartenenza e valorizzazione all'interno della famiglia.

Ricordate, genitori, che mentre sosteniamo e guidiamo i nostri figli nella loro crescita e apprendimento, è la connessione familiare che offre una base solida. Questa connessione diventa la loro rete di sicurezza, il loro rifugio sicuro e la loro fonte di forza.

E proprio mentre cerchiamo questo equilibrio tra il digitale e il reale, è altrettanto cruciale trovare un equilibrio tra le aspirazioni digitali dei nostri ragazzi e la loro formazione scolastica. Lì, ci tufferemo nella sfida di garantire che la passione per il digitale non sovrasti l'importanza della formazione tradizionale, ma piuttosto si integri con essa, offrendo una panoramica completa e ben arrotondata della loro educazione.

CAPITOLO 8
L'EQUILIBRIO TRA ASPIRAZIONI DIGITALI E FORMAZIONE SCOLASTICA

.1 La scuola nell'era digitale: opportunità e sfide.

Cari genitori, vi ricordate di quando eravate a scuola? Le lavagne verdi, le gessate mani degli insegnanti, i libri pesanti e i compiti scritti a mano. Confrontate quelle immagini con le aule di oggi, dotate di tablet, proiettori interattivi e applicazioni educative. È incredibile come la scuola sia cambiata in pochi decenni, diventando un crocevia tra tradizione e innovazione.

la scuola dell'era digitale offre opportunità straordinarie, ma porta con sé anche nuove sfide.

<u>Opportunità:</u>

- Accessibilità all'informazione: Con l'avvento di Internet, il sapere è diventato onnipresente. Ora, gli studenti possono accedere a infinite risorse didattiche, che vanno dai tutorial video alle conferenze dei migliori professori del mondo.
- Personalizzazione dell'apprendimento: Grazie alla tecnologia, l'apprendimento può essere adattato alle esigenze di ogni studente. Ad esempio, se un ragazzo fatica con la matematica, può usare applicazioni e piattaforme che offrono esercizi su misura e feedback immediato.
- Collaborazione amplificata: L'era digitale ha potenziato la capacità degli studenti di collaborare. Con strumenti come Google Docs o piattaforme di apprendimento a distanza, lavorare insieme su progetti o discutere idee non è mai stato così semplice, anche da casa.

- Sviluppo di competenze digitali: Vivendo in un mondo sempre più connesso, possedere competenze digitali è diventato essenziale. La scuola, integrando la tecnologia nel curriculum, prepara i giovani ad affrontare un futuro in cui la digitalizzazione sarà ancora più pervasiva.

<u>Sfide:</u>

- Distrazioni e sovraccarico informativo: Se da un lato l'accesso a informazioni illimitate è una benedizione, dall'altro può diventare una maledizione. Troppa informazione può confondere e distrarre gli studenti dal loro percorso di apprendimento.
- Rischio di superficialità: Navigare sul web può indurre a leggere in modo superficiale e saltuario, senza approfondire veramente gli argomenti.
- Salute mentale e fisica: Troppo tempo davanti agli schermi può portare a problemi di vista, postura e, in alcuni casi, ansia e depressione.
- Privacy e sicurezza: Nell'era digitale, la privacy e la sicurezza sono di fondamentale importanza. La scuola deve garantire che le informazioni degli studenti siano protette e che questi ultimi siano educati riguardo ai rischi online.

E mentre cerchiamo di navigare in questo nuovo panorama educativo, come genitori potremmo chiederci: "Come possiamo aiutare i nostri figli a bilanciare le loro aspirazioni digitali con la formazione scolastica tradizionale?" La risposta, amici miei, risiede nel trovare l'equilibrio, di come conciliare gli studi con le passioni online.

.2 Conciliare studi e passioni online.

Genitori, so bene che vi siete trovati, almeno una volta, a chiedervi: "Sta studiando o è di nuovo su quel videogioco?". O magari avete pensato: "Ho il sospetto che stia guardando video su YouTube invece di concentrarsi sui compiti." In un'era in cui i confini tra apprendimento e divertimento online sono così sfumati, è naturale porsi queste domande.

La realtà è che Internet non è solo una fonte di distrazione, ma anche una miniera d'oro di opportunità per l'apprendimento e la crescita personale. Ecco perché è essenziale trovare un equilibrio tra le responsabilità scolastiche e le passioni online dei nostri figli.

<u>Strategie per conciliare studi e passioni online:</u>

1. **Stabilire priorità**: Prima di tutto, bisogna stabilire chiaramente le priorità. Mentre le passioni online possono essere arricchenti, la formazione scolastica rimane fondamentale. Insegnate ai vostri figli l'importanza di dare la precedenza ai compiti e allo studio, e poi dedicarsi alle attività online.
2. **Pianificazione del tempo**: Una buona organizzazione può fare la differenza. Incoraggiate i vostri figli a creare un calendario che integri sia gli impegni scolastici sia il tempo dedicato alle passioni online. Questo li aiuterà a gestire meglio il loro tempo e a ridurre lo stress.
3. **Utilizzare la tecnologia a proprio vantaggio**: Ci sono molte applicazioni e strumenti che possono aiutare gli studenti a rimanere organizzati e concentrati. Ad esempio, applicazioni come "Forest" promuovono periodi di studio ininterrotti piantando alberi virtuali, mentre strumenti come "Google Calendar" possono aiutare nella pianificazione.

4. **Collegare passione e studio**: Se vostro figlio ha una passione per i video di storia su YouTube, perché non incoraggiarlo a approfondire quel periodo storico a scuola o suggerire libri sull'argomento? La chiave è trovare modi per collegare le passioni online con il curriculum scolastico.
5. **Stabilire limiti**: Anche se le passioni online possono essere educative, è essenziale stabilire dei limiti. Definire chiaramente quanto tempo può essere speso online e incoraggiare pause regolari aiuta a prevenire la stanchezza e garantisce che ci sia ancora tempo per le attività al di fuori del web.
6. **Dialogo aperto**: Infine, mantenete sempre un dialogo aperto con i vostri figli. Capite ciò che li appassiona online, discutetene e mostrate interesse. Questo rafforza la vostra connessione e offre anche l'opportunità di fornire una guida.

Conciliare studi e passioni online può sembrare una sfida, ma ricordate: è tutta una questione di equilibrio e comprensione. E mentre aiutate i vostri figli a navigare in questo equilibrio, un altro aspetto da considerare è l'importanza dell'educazione continua, di cui parleremo nel prossimo paragrafo. In un mondo in rapida evoluzione, l'apprendimento non si ferma mai. Ma come possiamo, come genitori, sostenere e promuovere questa mentalità nei nostri figli? Andiamo a scoprirlo insieme.

.3 L'importanza dell'educazione continua.

Se ripensate alla vostra giovinezza, probabilmente vi ricorderete dei tempi in cui l'apprendimento sembrava confinato alle pareti della scuola, interrotto solo dai compiti a casa. Ma viviamo in un'epoca in cui l'apprendimento non ha limiti, né temporali né spaziali. L'educazione continua è diventata non solo una scelta, ma una necessità.

Ma cosa intendiamo esattamente con "educazione continua"? Si tratta dell'apprendimento che va oltre i tradizionali percorsi educativi. Significa coltivare una mentalità aperta, pronta ad assorbire nuove informazioni e competenze in ogni fase della vita.

Ecco perché è così fondamentale:

1. <u>Mondo in Evoluzione</u>: Viviamo in un mondo in costante cambiamento. Le professioni che esistevano una decade fa sono mutate, alcune sono scomparse, mentre altre, inimmaginabili all'epoca, hanno preso piede. Preparare i nostri figli ad adattarsi a queste mutevoli realtà significa incoraggiarli all'apprendimento costante.
2. <u>Flessibilità cognitiva</u>: L'apprendimento continuo stimola il cervello, aiuta a mantenere una mente agile e adattabile. Ciò è essenziale non solo in ambito professionale, ma anche nella vita quotidiana, per affrontare con resilienza le sfide che si presentano.
3. <u>Autorealizzazione</u>: L'apprendimento non riguarda solo l'acquisizione di competenze pratiche. Esplorare nuovi argomenti e passioni può essere una fonte di gioia, soddisfazione e una via per comprendere meglio se stessi.

Come incoraggiare l'educazione continua nei nostri figli?

1. **Predica con l'esempio**: Uno dei modi più efficaci per trasmettere l'importanza dell'apprendimento continuo è mostrare un genuino interesse nell'apprendere noi stessi. Che si tratti di un nuovo hobby, di un corso serale o della lettura di

76

un libro, dimostrate con le vostre azioni che l'apprendimento
è una parte preziosa della vita.

2. **Risorse online**: Internet è una miniera di risorse educative. Dai
   MOOC (Massive Online Open Courses) ai tutorial su YouTube,
   ci sono infiniti modi per acquisire nuove competenze. Guidate
   i vostri figli verso piattaforme affidabili e incoraggiate la loro
   curiosità.

3. **Valorizzare ogni esperienza**: Ogni esperienza, sia essa un
   viaggio, una visita al museo o una semplice passeggiata nel
   parco, può diventare un'opportunità di apprendimento.
   Stimolate domande, incoraggiate la riflessione e trasformate
   ogni avventura in una lezione.

4. **Ambiente di apprendimento**: Creare un ambiente domestico
   che valorizzi l'apprendimento. Che si tratti di un angolo di
   lettura accogliente o di materiali artistici pronti per essere
   utilizzati, assicuratevi che la vostra casa rifletta l'importanza di
   scoprire e creare.

In sintesi, l'educazione continua non è solo un concetto; è uno
stile di vita. E, mentre guidiamo i nostri figli lungo questo
percorso, è altrettanto essenziale assicurarci che la loro
formazione sia equilibrata, unendo le tradizioni educative con le
infinite risorse del mondo digitale.

.4 Promuovere una formazione equilibrata.

Nell'era digitale, può sembrare una sfida equilibrare la formazione
tradizionale con le innumerevoli risorse online. Spesso, ci
chiediamo: come possiamo assicurare che i nostri figli ricevano
un'istruzione completa, che li prepari adeguatamente sia per il
mondo fisico che per quello digitale?

Un'educazione equilibrata non significa solamente dividere il tempo tra libri di testo e schermi, ma piuttosto integrare le opportunità di apprendimento in modo che una complementi l'altra.

Ecco alcune strategie per promuovere un equilibrio nell'istruzione dei vostri figli:

1. **Comprendere il valore di entrambi i mondi**: Mentre il digitale offre risorse inimmaginabili e la capacità di connettersi globalmente, la formazione tradizionale insegna la pazienza, la riflessione profonda e la capacità di interagire faccia a faccia. Entrambi questi mondi hanno un valore inestimabile.
2. **Fomentare la curiosità**: L'istruzione non dovrebbe essere una mera assimilazione di fatti, ma piuttosto un viaggio guidato dalla curiosità. Che sia un esperimento scientifico fatto in casa o una ricerca online su un argomento di interesse, l'obiettivo è alimentare quella scintilla di interesse.
3. **Limitare il tempo trascorso davanti allo schermo**: Anche se lo strumento digitale è potente, è essenziale limitare il tempo trascorso davanti allo schermo. Ciò permette ai bambini di imparare a valutare le informazioni, a riflettere su ciò che hanno appreso e a applicare le loro conoscenze nel mondo reale.
4. **Incorporare esperienze pratiche**: Ogni concetto o abilità appresa online o attraverso libri può essere rafforzato attraverso esperienze pratiche. Se, ad esempio, vostro figlio sta studiando biologia, una visita al giardino botanico locale può rendere l'argomento più tangibile.
5. **Dialogare con insegnanti e tutor**: Collaborare con gli educatori di vostro figlio per assicurarvi che ci sia un equilibrio nell'apprendimento. Essi possono fornire risorse

supplementari o suggerimenti su come integrare l'istruzione digitale con le metodologie tradizionali.

6. **Valutare le piattaforme di apprendimento online**: Non tutte le risorse online sono create allo stesso modo. Prendetevi il tempo per valutare e selezionare piattaforme di apprendimento che siano affidabili e che completino il curriculum scolastico.

7. **Imparare insieme**: Non esiste un modo migliore per comprendere l'esperienza educativa di vostro figlio che immergersi in essa. Dedicate del tempo all'apprendimento congiunto, che sia leggere un libro insieme o esplorare un nuovo argomento online.

Un'educazione equilibrata prepara i giovani a navigare in un mondo in cui il tradizionale e il digitale si fondono sempre di più. Ma, oltre a questo, c'è un altro aspetto cruciale da considerare: prepararli per un futuro che, per sua natura, è incerto. Come possiamo fare ciò? Approfondiremo questa sfida nel prossimo punto, in cui parleremo di come equipaggiare i nostri figli con gli strumenti necessari per affrontare un domani imprevedibile con resilienza e determinazione.

.5 Preparare i giovani per un futuro incerto.

Carissimi genitori, vi siete mai fermati a riflettere su quanto il mondo stia cambiando rapidamente? Pensate a ciò che avete vissuto negli ultimi dieci anni: rivoluzioni tecnologiche, sfide ambientali, cambiamenti socio-politici. E in tutto questo, i vostri figli stanno crescendo, forgiando le loro identità, cercando il loro posto. Come possiamo, dunque, prepararli per un futuro che nemmeno noi possiamo prevedere con certezza?

Resilienza, adattabilità e pensiero critico sono tra le qualità fondamentali che i nostri figli devono coltivare per affrontare un futuro incerto. Ecco come potete aiutarli:

- **Insegnare la resilienza**: Più di qualsiasi altra generazione precedente, i nostri figli dovranno imparare ad adattarsi e perseverare di fronte all'avversità. Invece di proteggerli da ogni fallimento, lasciate che affrontino delle sfide, con il vostro sostegno. Questo li aiuterà a sviluppare la forza e la determinazione necessarie per superare le difficoltà.
- **Promuovere l'adattabilità**: In un mondo in costante evoluzione, l'abilità di adattarsi ai cambiamenti diventa cruciale. Incuriositeli con nuovi argomenti, incoraggiate la scoperta e la sperimentazione. Un bambino che ha imparato a essere flessibile avrà un vantaggio nel futuro.
- **Coltivare il pensiero critico**: Più che mai, la capacità di analizzare e valutare le informazioni è vitale. Con una marea di informazioni a loro disposizione, i giovani devono imparare a discernere ciò che è veritiero da ciò che non lo è. Discussione aperta, dibattito e analisi critica dovrebbero essere incoraggiati.
- **Imparare dall'incertezza**: Spesso, la paura dell'ignoto può paralizzarci. Ma l'incertezza può anche essere una maestra potente. Insegnate ai vostri figli che è okay non avere sempre tutte le risposte e che l'incertezza può portare a nuove scoperte e opportunità.
- **Valorizzare l'educazione socio-emotiva**: Oltre alle competenze accademiche, i bambini devono apprendere l'intelligenza emotiva. Questo li aiuterà a instaurare relazioni sane, a comprendere sé stessi e gli altri, e a navigare in un mondo complesso con empatia e comprensione.

- **Prepararsi per vari scenari**: Incoraggiate i vostri figli a esplorare vari percorsi di carriera, hobby e passioni. Più esperienze diverse avranno, più saranno preparati ad affrontare e adattarsi alle sfide future.

In tutto ciò, vi esorto a non dimenticare un aspetto fondamentale: l'amore e il sostegno. Anche nei momenti di incertezza, sapere di avere una famiglia che li supporta può fare la differenza per i nostri giovani.

Mentre ci sforziamo di preparare i nostri figli per questo futuro incerto, è anche essenziale stabilire regole e limiti, soprattutto nell'ambito digitale, un mondo in cui spesso trascorrono molto tempo.

CAPITOLO 9
STABILIRE REGOLE E LIMITI NEL MONDO DIGITALE

.1 L'importanza dei limiti nell'uso del digitale.

Vi siete mai ritrovati a chiedervi quanto tempo i vostri figli trascorrono davanti agli schermi? E non parlo solo di ore dedicate ai compiti o alle lezioni online. Mi riferisco a tutto quel tempo in cui si immergono nel mondo digitale, spesso senza una chiara direzione o uno scopo preciso. È un fenomeno che preoccupa molti genitori, e con ragione.

Il digitale ha aperto un universo di possibilità: informazioni, comunicazioni, intrattenimento. Ma come ogni potente strumento, richiede regole e limiti per essere utilizzato in modo sano ed equilibrato. Qui voglio sottolineare perché è essenziale stabilire questi confini e come essi possono aiutare i vostri figli a crescere in maniera sana e consapevole.

1. Protezione dalla sovraccarica di informazioni: Viviamo nell'era dell'informazione. Ma l'accesso illimitato a tutte queste informazioni può essere travolgente, soprattutto per una mente in formazione. Limitando il tempo trascorso online, possiamo aiutare i nostri figli a filtrare e a gestire meglio le informazioni, prevenendo la sensazione di essere sommersi.

2. Migliore qualità del sonno: Numerosi studi hanno dimostrato che l'esposizione prolungata agli schermi, specialmente prima di andare a dormire, può disturbare il ciclo del sonno. Un sonno di qualità è fondamentale per la crescita e lo sviluppo, e stabilire limiti chiari sull'uso dei dispositivi può garantire che i nostri figli riposino adeguatamente.

3. Prevenire la dipendenza: Come abbiamo discusso nei capitoli precedenti, la dipendenza digitale è un problema reale. Stabilire dei limiti fin da subito può prevenire che si sviluppi questa dipendenza e può insegnare ai giovani l'autodisciplina necessaria per gestire il proprio tempo.

4. Favorire relazioni reali: Stabilendo limiti sull'uso del digitale, incoraggiamo i nostri figli a levare lo sguardo dagli schermi e a interagire con il mondo reale, rafforzando così le relazioni con famiglia e amici.

5. Promuovere attività fisiche e hobbies: Trascorrere meno tempo davanti agli schermi può significare avere più tempo per attività fisiche, sport, hobbies e passioni al di fuori del mondo digitale. Tutto ciò è fondamentale per il benessere complessivo dei nostri figli.

6. Sviluppare capacità di concentrazione: In un mondo di notifiche costanti, messaggi e stimoli digitali, la capacità di concentrarsi su un compito singolo sta diventando sempre più rara. Limitando l'uso del digitale, aiutiamo i nostri figli a sviluppare questa preziosa abilità.

Ma come possiamo stabilire questi limiti in modo efficace, senza far sentire i nostri figli "puniti" o "limitati"? La risposta risiede nel dialogo e nell'accordo. Nel prossimo punto, "Creare un patto familiare per l'uso dei dispositivi", esploreremo insieme come instaurare un dialogo costruttivo e come creare regole che tutti, genitori e figli, possono accettare e rispettare. E, come sempre, con l'obiettivo di proteggere e guidare i nostri giovani in questo viaggio digitale.

.2 Creare un patto familiare per l'uso dei dispositivi.

Avere dei confini chiari sull'uso del digitale, come abbiamo visto nel punto precedente, è fondamentale. Ma come fare in modo che questi limiti siano rispettati senza creare tensioni o resistenze? La soluzione potrebbe risiedere in un semplice ma potente strumento: un patto familiare.

Il patto familiare non è altro che un accordo, scritto o verbale, che stabilisce le regole d'uso dei dispositivi elettronici in casa. Ma attenzione: questo non deve essere un elenco di divieti imposti dall'alto. Deve essere un documento collaborativo, dove ogni membro della famiglia ha voce in capitolo. Vediamo come creare un patto efficace e condiviso.

1. Organizza una riunione familiare: Dedica una serata a questo importante tema. Preparati, magari con una lista di punti che ritieni importanti, ma sii pronto anche a fare concessioni e ad ascoltare le esigenze di tutti.

2. Ascolta e coinvolgi: Spesso, i giovani possono sentirsi sopraffatti o controllati se le regole vengono imposte senza spiegazioni. Ascolta le loro preoccupazioni, le loro abitudini e cerca di comprendere le ragioni dietro al loro uso del digitale.

3. Stabilisci regole chiare: Dopo aver discusso e ascoltato, mettete nero su bianco le regole che avete concordato. Che si tratti di limiti orari, di momenti della giornata in cui i dispositivi non possono essere utilizzati o di zone della casa "libere da tecnologia", è essenziale che tutto sia chiaro.

4. Pensa alle eccezioni: Ci saranno momenti in cui le regole potrebbero dover essere flessibili. Forse c'è un progetto scolastico che richiede più tempo online, o una serata speciale di film in famiglia. Queste eccezioni dovrebbero essere previste nel patto.

5. Fai delle revisioni periodiche: Con l'evoluzione della tecnologia e l'emergere di nuove esigenze, potrebbe essere necessario rivedere il patto. Magari ogni sei mesi, o all'inizio di ogni anno scolastico, prendetevi un momento per discutere di come stanno andando le cose e se ci sono aspetti da modificare.

6. Dai l'esempio: Se da un lato è fondamentale stabilire regole per i giovani, è altrettanto importante che noi adulti siamo i primi a rispettarle. Se stabilite che durante i pasti non si usano i telefoni, assicuratevi di essere i primi a mettere via il vostro dispositivo.

Ora, potreste chiedervi: "E se, nonostante il patto, i miei figli trascorrono comunque troppo tempo davanti allo schermo?". Ecco dove entra in gioco il prossimo punto. Non si tratta solo di stabilire delle regole, ma anche di creare opportunità per allontanarsi dagli schermi e trascorrere momenti di qualità insieme. Ma come fare? Incentivando pause dallo schermo e a promuovendo tempi di qualità in famiglia.

.3 Incentivare pause dallo schermo e tempi di qualità.

Avete stabilito un patto familiare, ben fatto! Ma stabilire delle regole non significa che i nostri figli sappiano automaticamente come riempire il tempo in cui non sono connessi. Spesso, l'abitudine di guardare uno schermo può essere così radicata che può risultare difficile immaginare come trascorrere il tempo libero altrimenti. Ed è qui che entra in gioco il vostro ruolo di guide e mentori.

1. Riscoprire attività offline: Proponete dei giochi da tavolo, la lettura, il bricolage, il giardinaggio o qualsiasi altro hobby che richiede l'uso delle mani e della creatività. Queste attività non solo offrono una pausa dallo schermo, ma stimolano anche differenti aree del cervello e favoriscono lo sviluppo di nuove abilità.

2. Passeggiate e attività all'aperto: La natura ha un potere rigenerante. Una passeggiata nel parco, una gita in montagna o semplicemente giocare nel giardino possono rinnovare l'energia e migliorare l'umore. Promuovete l'attività fisica come un'abitudine, non solo come uno strumento per staccare dai dispositivi.

3. **Cucinare insieme**: Invece di ordinare cibo online, perché non preparare una cena in famiglia? Dai piccoli ai grandi, ognuno può contribuire. Questa attività non solo vi farà staccare dagli schermi, ma rafforzerà anche i legami e insegnerà ai giovani abilità utili per la vita.

4. **Programmare "serate senza tecnologia"**: Una volta alla settimana, o come meglio credete, mettete da parte tutti i dispositivi e dedicateli a voi stessi. Potrebbe essere una serata di giochi, una lettura condivisa o anche semplicemente chiacchierare sul divano.

5. **Promuovere la meditazione e la mindfulness**: Queste pratiche aiutano a rilassare la mente e a staccare dalla frenesia digitale. Anche solo pochi minuti al giorno possono fare la differenza nella qualità della vita dei vostri figli.

Tuttavia, anche con tutte queste attività, ci possono essere momenti di resistenza o conflitti. I vostri figli potrebbero desiderare di tornare ai loro dispositivi o potrebbero sentirsi annoiati. E qui risiede una delle sfide più grandi: come gestire questi momenti di tensione senza cadere nella trappola dei rimproveri o delle punizioni?

A volte, nonostante le nostre migliori intenzioni, potrebbero sorgere conflitti legati all'uso eccessivo dei dispositivi. La chiave è capire che questi conflitti non sono necessariamente un segno di mancanza di rispetto o di ribellione, ma piuttosto una manifestazione di un bisogno o di una dipendenza. E come genitori, è nostro compito aiutarli a navigare attraverso questi conflitti in modo costruttivo, con empatia e comprensione.

.4 Gestire i conflitti legati all'uso eccessivo.

L'era digitale ha portato con sé non solo immense opportunità, ma anche sfide significative, specialmente per la famiglia moderna. Una di queste sfide riguarda l'uso eccessivo dei dispositivi, che può portare a tensioni, fraintendimenti e conflitti in casa.

1. **Comprendere la causa**: Prima di tutto, è essenziale comprendere che dietro all'uso eccessivo ci potrebbero essere molteplici motivazioni. Potrebbe essere una via di fuga dalle pressioni scolastiche, un modo per socializzare o semplicemente un modo per trascorrere il tempo. Comprendere il "perché" può aiutarvi a trovare soluzioni più efficaci e a comunicare meglio con vostro figlio.

2. **Comunicazione aperta**: Quando si avverte la necessità di discutere dell'uso eccessivo dei dispositivi, è fondamentale farlo in un momento tranquillo, evitando toni accusatori. Ponete domande aperte, come "Come ti senti quando passi molto tempo online?" o "Cosa ti piace fare quando sei connesso?". Questo tipo di domande può offrire spunti preziosi e aprire un dialogo costruttivo.

3. Stabilire conseguenze chiare: Se avete stabilito regole riguardo all'uso dei dispositivi e queste vengono infrante, è importante che ci siano delle conseguenze chiare e precedentemente concordate. Tuttavia, queste dovrebbero essere proporzionate e giustificate, sempre accompagnate da una spiegazione.

4. Fornire alternative: Come abbiamo visto nel punto precedente, offrire alternative al tempo trascorso davanti allo schermo può essere un modo efficace per ridurre l'uso eccessivo. Se il vostro bambino passa troppo tempo a giocare online, potreste iscriverlo a un club sportivo o a un corso di musica.

5. Educazione e consapevolezza: Educare i giovani sui rischi dell'uso eccessivo, come la dipendenza da schermo o i problemi legati alla postura, può aiutarli a prendere decisioni più informate. Inoltre, condividere storie o articoli pertinenti può essere un buon punto di partenza per una discussione.

6. Coinvolgimento familiare: Non sottovalutate l'importanza dell'esempio. Se anche gli adulti della famiglia trascorrono molto tempo connessi, potrebbe essere difficile per i più giovani comprendere l'importanza di limitare il proprio uso. Proponete delle attività da fare tutti insieme, lontani dagli schermi, e mostrate con l'esempio come gestire al meglio il proprio tempo digitale.

Concludendo, la gestione dei conflitti legati all'uso eccessivo dei dispositivi non è semplice e richiede pazienza, comprensione e impegno. Ma con una comunicazione aperta e l'adozione di strategie efficaci, potrete non solo ridurre tali conflitti, ma anche avvicinarvi di più ai vostri figli, comprendendo le loro esigenze e preoccupazioni.

E proprio sulla scia di una corretta gestione del tempo, adesso ci concentreremo su come promuovere una sana gestione del tempo, fornendo suggerimenti e consigli pratici per equilibrare al meglio le ore trascorse online con quelle passate nel mondo reale, garantendo ai vostri figli uno sviluppo equilibrato e armonioso.

.5 Promuovere una sana gestione del tempo.

Promuovere una sana gestione del tempo è un elemento fondamentale nell'educazione dei giovani. Viviamo in un'epoca in cui la digitalizzazione ha reso quasi tutto accessibile con un clic. Ma con questa accessibilità, arriva la responsabilità di gestire il tempo in modo efficace, bilanciando il mondo digitale con il mondo reale.

Strategie chiave:

1. Stabilire routine quotidiane: Un metodo efficace per promuovere la gestione del tempo è stabilire routine quotidiane. Ciò non significa programmare ogni minuto della giornata, ma piuttosto avere momenti chiave, come i pasti, lo studio e il tempo libero, che diano struttura e prevedibilità alla giornata.

2. Uso di strumenti di pianificazione: Incoraggiare l'uso di calendari o applicazioni di pianificazione può aiutare i giovani a visualizzare il loro tempo e a prendere decisioni consapevoli su come spenderlo.

3. Insegnare la priorità: Aiutate i vostri figli a distinguere tra ciò che è urgente, ciò che è importante e ciò che può aspettare. Questo li aiuterà non solo con la gestione digitale, ma anche nelle attività quotidiane e nelle decisioni future.

4. Momenti "senza schermo": Designare alcune ore del giorno come "senza schermo" può essere un modo efficace per assicurarsi che ci sia sempre spazio per altre attività, come leggere un libro, giocare all'aperto o semplicemente rilassarsi.

5. Incentivare attività all'aperto: Attività come passeggiate, gite in bicicletta, o sport possono non solo offrire una pausa dal digitale, ma anche promuovere il benessere fisico e mentale. E, naturalmente, passare del tempo all'aria aperta può migliorare l'umore e la concentrazione.

6. Promuovere hobby e interessi: Oltre alle attività digitali, incoraggiare vostro figlio a sviluppare e coltivare hobby e interessi. Ciò potrebbe essere qualsiasi cosa, dalla pittura alla musica, dalla danza alla cucina. Questi hobby non solo arricchiscono la loro vita, ma possono anche diventare essenziali nel futuro.

7. Designare momenti per la connessione familiare: Questi momenti, che potrebbero includere cene senza dispositivi o serate giochi, permettono non solo una pausa dalla tecnologia, ma anche l'opportunità di connettersi come famiglia.

Nel promuovere una sana gestione del tempo, l'obiettivo non è mai quello di eliminare la tecnologia o di renderla un "nemico". Piuttosto, l'obiettivo è bilanciarla, assicurandosi che i giovani abbiano le competenze e le capacità di navigare in un mondo sempre più digitale, senza sentirsi sopraffatti o consumati.

Guardando al futuro, è essenziale riflettere su come preparare i nostri figli per un mondo in rapida evoluzione, dove la digitalizzazione, l'innovazione e le sfide globali modelleranno la loro vita in modi che forse non possiamo nemmeno immaginare.

CAPITOLO 10

VISIONE FUTURA: PREPARARE I FIGLI PER UN MONDO IN EVOLUZIONE

.1 L'importanza dell'adattabilità nel XXI secolo.

In un mondo dove l'unico costante è il cambiamento, l'adattabilità è diventata una delle competenze più preziose. Il XXI secolo ha portato con sé rivoluzioni tecnologiche, cambiamenti sociali e sfide globali che hanno reso il nostro pianeta radicalmente diverso rispetto a soli pochi decenni fa. In questo contesto dinamico, preparare i nostri figli a essere flessibili e capaci di adattarsi è cruciale.

L'adattabilità non riguarda solo la capacità di affrontare i cambiamenti, ma di prosperare in mezzo ad essi. È la capacità di vedere i cambiamenti come opportunità piuttosto che come minacce, di apprendere da situazioni nuove e sconosciute, e di modificare il proprio comportamento e le proprie azioni in base alle circostanze.

Considerate le professioni, ad esempio. Molti lavori che esistevano una generazione fa sono scomparsi o si sono trasformati, mentre nuove professioni emergono quasi ogni giorno. Le abilità tecniche sono importanti, ma l'abilità di adattarsi a nuovi contesti lavorativi e di apprendere rapidamente nuove competenze diventa essenziale.

Questo cambiamento non riguarda solo l'ambito lavorativo. Il modo in cui interagiamo, comunichiamo e persino come ci percepiamo è in continua evoluzione. I social media, l'intelligenza artificiale, le biotecnologie e molte altre innovazioni stanno ridisegnando il paesaggio del nostro quotidiano.

Come possiamo allora preparare i nostri figli a navigare con successo in questo mondo in continua evoluzione? Qui ci sono alcune considerazioni:

- <u>Cultura dell'Apprendimento Continuo</u>: Più che mai, l'apprendimento non si ferma alle aule scolastiche. Deve essere visto come un viaggio che continua attraverso tutta la vita. Incoraggiate i vostri figli a essere curiosi, a porsi domande e a cercare risposte.
- <u>Resilienza</u>: La capacità di affrontare gli ostacoli, le sfide e i fallimenti e di usarli come trampolino di lancio per la crescita è fondamentale. La resilienza aiuta a vedere i problemi come opportunità e non come barriere insormontabili.
- <u>Collaborazione e comunicazione</u>: In un mondo globalizzato, la capacità di lavorare e comunicare con persone da diverse culture e contesti è fondamentale. Incoraggiate i vostri figli a sviluppare capacità di comunicazione efficace e a essere aperti alle diverse prospettive.
- <u>Pensiero Critico</u>: La quantità di informazioni disponibili è immensa. Ma la capacità di valutare, analizzare e utilizzare queste informazioni in modo efficace è ciò che conta.

Mentre esploriamo l'importanza dell'adattabilità, dobbiamo anche considerare come possiamo guidare i nostri figli attraverso il processo di reinventarsi continuamente. Come possiamo aiutarli a vedere il cambiamento non come una crisi, ma come un'opportunità? Tra poco, scaveremo più in profondità su come possiamo dotare i nostri figli delle competenze e della mentalità necessarie per affrontare il futuro con fiducia e ottimismo.

.2 Insegnare ai figli a reinventarsi.

Nell'era del cambiamento costante, la capacità di reinventarsi diventa una sorta di superpotere. Reinventarsi non significa trascurare la propria identità o i propri valori, ma piuttosto avere la capacità di adattarsi e crescere di fronte a nuove sfide e opportunità.

La reinvenzione, però, non è un processo semplice. Può comportare la messa in discussione di vecchie convinzioni, l'apprendimento di nuove competenze o l'adattamento a nuovi ambienti. Come genitori, come possiamo allora coltivare questa qualità nei nostri figli?

Autoconsapevolezza: Tutto inizia con la conoscenza di sé. Incoraggiate i vostri figli a riflettere sulle loro passioni, punti di forza e aree di crescita. Fornire loro opportunità di introspezione può aiutare a costruire una base solida sulla quale possono basare le future decisioni.

Mente aperta: Il mondo è pieno di possibilità infinite. Sostenete la curiosità dei vostri figli e incoraggiateli a esplorare nuovi interessi e passioni. Una mente aperta può vedere le opportunità dove altri vedono solo ostacoli.

Imparare dall'errore: Gli errori sono inevitabili, ma sono anche potenti opportunità di apprendimento. Aiutate i vostri figli a vedere gli errori come feedback piuttosto che come fallimenti. Questa mentalità può aiutarli a affrontare le sfide con resilienza e determinazione.

Networking: La capacità di costruire e mantenere relazioni positive è essenziale. Insegnate ai vostri figli l'importanza della rete di contatti, e come può aprire porte a nuove opportunità e prospettive.

Aggiornamento continuo: Il mondo cambia rapidamente e le competenze che sono rilevanti oggi potrebbero non esserlo domani. Incoraggiate i vostri figli a dedicare tempo all'apprendimento continuo, che si tratti di acquisire una nuova lingua, imparare una nuova abilità o esplorare un nuovo hobby.

E mentre queste competenze e mentalità sono fondamentali, è altrettanto importante insegnare ai nostri figli che la reinvenzione non significa seguire ciecamente ogni nuova tendenza che emerge. La vera reinvenzione è radicata nella comprensione di sé e nell'ascolto del proprio cuore.

Questa visione porta perfettamente al nostro prossimo punto, "Sostenere la crescita personale oltre le tendenze". In un mondo in cui siamo bombardati da nuove mode e tendenze quasi ogni giorno, come possiamo aiutare i nostri figli a distinguere tra ciò che è genuinamente benefico per la loro crescita personale e ciò che è semplicemente una distrazione? In questo modo, mentre ci sforziamo di preparare i nostri figli per un futuro in continua evoluzione, possiamo anche garantire che mantengano la loro autenticità e unicità.

.3 Sostenere la crescita personale oltre le tendenze.

In un'epoca in cui le tendenze vanno e vengono con una rapidità vertiginosa, è comprensibile che i giovani possano sentirsi sommersi, cercando di tenere il passo. Le tendenze, siano esse legate alla moda, alla tecnologia o ai comportamenti sociali, possono esercitare una forte pressione sui giovani, spingendoli ad adattarsi pur di sentirsi accettati. Tuttavia, c'è qualcosa di più profondo e duraturo della semplice adesione alle mode del momento: la crescita personale autentica.

La crescita personale si riflette nella maturazione degli individui, nella loro capacità di comprensione, nella profondità emotiva e nelle competenze che sviluppano nel tempo. Non è qualcosa che può essere misurato attraverso i "mi piace" sui social media o quanti follower uno ha. Ma come possono i genitori aiutare i figli a focalizzarsi su questa crescita, trascendendo le tendenze effimere?

Stabilire radici profonde: Una pianta con radici forti e profonde può sopportare le tempeste e le avversità. Allo stesso modo, i giovani che hanno una solida comprensione di chi sono e di cosa rappresentano possono navigare nel mare mutevole delle tendenze senza perdere il loro vero sé. Parlate con i vostri figli dei loro sogni, aspirazioni e valori. Guidateli nel riflettere su ciò che veramente conta per loro.

Criticità e riflessione: Insegnare ai ragazzi a porsi domande come "Perché questa tendenza è popolare ora?" o "Come mi fa sentire questa tendenza?" può aiutarli a diventare consumatori critici delle mode culturali, piuttosto che seguirle ciecamente.

Concentrazione sullo sviluppo delle competenze: Anziché spendere tempo ed energie cercando di tenere il passo con ogni nuova tendenza, i giovani possono trarre beneficio dallo sviluppare competenze che avranno un impatto duraturo sulla loro vita. Questo può includere l'apprendimento di una nuova lingua, la pratica di uno strumento musicale, o il volontariato in una causa che gli sta a cuore.

Creare spazi sicuri: Fornite ai vostri figli ambienti in cui possano esprimersi liberamente, lontano dal giudizio e dalla pressione dei pari. Questo può essere un hobby, un club o qualsiasi ambiente in cui si sentano valorizzati per ciò che sono e non per ciò che "dovrebbero" essere.

Collegamenti con il passato: Condividete storie di famiglia, tradizioni e lezioni apprese quando eravate giovani. Questi racconti possono fungere da ancoraggio, ricordando ai giovani che, sebbene il mondo intorno a loro possa cambiare, ci sono certi valori e principi che rimangono costanti.

Con questo concetto di costanza e integrità, ci avviciniamo verso la fine del nostro viaggio. In un'epoca in cui l'informazione digitale può spesso offuscare le linee della realtà e dell'integrità, come possiamo garantire che i nostri figli rimangano fedeli ai principi che li guidano? E come possiamo, come genitori, garantire che questi valori non vengano compromessi nel tumultuoso mare del digitale?

.4 Fortificare valori e principi nella generazione digitale.

Nell'era digitale, dove l'informazione è alla portata di un clic e le realtà virtuali spesso si sovrappongono a quelle fisiche, instillare valori e principi nei giovani diventa un'impresa tanto cruciale quanto sfidante. Come può un genitore assicurarsi che il nucleo morale e etico di un figlio rimanga saldo in mezzo a una marea di influenze digitali?

- **Valori in un mondo digitale**: Prima di tutto, è essenziale comprendere che, mentre il mezzo di comunicazione può essere cambiato, la natura umana rimane costante. Ciò che era importante per le generazioni precedenti - onestà, integrità, empatia - rimane rilevante anche oggi. La sfida è tradurre questi valori in un contesto digitale, dove la comunicazione può essere distorta e le interpretazioni possono variare.

- **Educazione e consapevolezza**: Uno dei primi passi può essere educare i propri figli sulle sfide specifiche del mondo digitale, come la disinformazione, il cyberbullismo o la pressione dei coetanei online. Spiegare come queste dinamiche possono influenzare la percezione della realtà e come possono essere navigate mantenendo intatti i propri principi.

- **Esempi in azione**: I bambini apprendono meglio attraverso l'osservazione. Dimostrare comportamenti etici online, come rispondere con gentilezza, evitare la diffusione di notizie non verificate e mostrare rispetto per la privacy altrui, può servire da modello per i giovani.

- **Dialogo aperto**: Creare un ambiente in cui i figli si sentano liberi di discutere delle loro esperienze online, senza timore di giudizio o punizione, può aiutare a guidarli verso decisioni informate e etiche. Questo spazio di comunicazione può anche fornire ai genitori intuizioni preziose sulle sfide che i loro figli potrebbero affrontare.

- **Ritorno alle radici**: Ancorare i propri figli a tradizioni familiari, storie e valori trasmessi di generazione in generazione può fornire loro una bussola morale nel caotico mondo digitale. Questo può includere la lettura di libri classici insieme, la condivisione di storie di famiglia o la celebrazione di tradizioni che enfatizzano i valori familiari.

- **Limiti e responsabilità**: Infine, pur mantenendo un dialogo aperto, è fondamentale stabilire dei confini. Questo può includere limiti sull'uso dei dispositivi, ma anche discutere le responsabilità che vengono con l'accesso alla vasta rete digitale.

Nel complesso, mentre il paesaggio digitale può sembrare travolgente, offre anche opportunità uniche per l'apprendimento, la connessione e la crescita. Con una guida attenta e consapevole, possiamo assicurarci che la prossima generazione non solo navighi in questo mondo con competenza ma lo faccia anche con integrità.

Se la digitalizzazione ha reso possibile la connessione con chiunque in qualsiasi momento, come possiamo sfruttare questo strumento per rafforzare la connessione tra noi e i nostri figli?

.5 Creare un legame duraturo tra genitori e figli nell'era digitale.

L'era digitale ha rivoluzionato il modo in cui comunichiamo, apprendiamo e interagiamo. Con l'enorme afflusso di tecnologia nella nostra vita quotidiana, potremmo chiederci se sia possibile mantenere un legame genuino e profondo con i nostri figli. La risposta è un inequivocabile sì. Ecco come:

Il digitale come strumento, non come barriera: La prima e più fondamentale realizzazione è che la tecnologia, se usata correttamente, può essere un potente strumento per avvicinare, piuttosto che allontanare. Videocall per condividere momenti speciali quando si è lontani, giocare a giochi online insieme o addirittura creare una playlist condivisa su una piattaforma di streaming musicale possono essere modi moderni per condividere esperienze.

Priorità al tempo di qualità: Non importa quanta tecnologia abbiamo, nulla può sostituire il tempo di qualità trascorso insieme. Ciò potrebbe significare leggere insieme una storia prima di andare a letto, cucinare un pasto o fare una passeggiata al parco. Il trucco è essere presenti. Questo significa mettere da parte il telefono o il tablet e immergersi veramente nel momento.

Imparare insieme: L'era digitale offre infinite opportunità di apprendimento. Invece di permettere ai bambini di navigare in Internet da soli, perché non trasformarlo in un'attività condivisa? Che si tratti di guardare un documentario, imparare una nuova abilità attraverso un tutorial online o esplorare applicazioni educative, l'apprendimento condiviso può rafforzare il legame.

Conversazioni aperte sul mondo digitale: Proprio come abbiamo parlato dell'importanza di instaurare un dialogo riguardo ai valori nel mondo digitale, è essenziale discutere regolarmente delle esperienze online dei nostri figli. Ciò non solo garantirà la loro sicurezza online, ma dimostrerà anche che ci teniamo sinceramente alle loro vite digitali.

Tradizioni familiari nell'era digitale: Le tradizioni familiari non devono necessariamente essere analogiche. Che si tratti di una serata film settimanale, di un gioco online insieme o di condividere foto e ricordi su un album di famiglia digitale, le tradizioni possono essere adattate all'era moderna.

Essere un esempio: In un'epoca in cui siamo bombardati da notifiche, messaggi e aggiornamenti, è essenziale mostrare ai nostri figli che sappiamo quando mettere da parte la tecnologia. Che si tratti di designare cene senza dispositivi o di avere "vacanze digitali", stabilire limiti chiari e coerenti è fondamentale.

Concludendo, mentre l'avvento del digitale ha apportato indubbie sfide nella costruzione e nel mantenimento dei legami familiari, ha anche offerto nuove e affascinanti opportunità. Come per qualsiasi strumento, il successo risiede nel modo in cui lo utilizziamo. Abbracciando il meglio dell'era digitale, pur rimanendo fedeli ai principi universali di amore, comprensione e comunicazione, possiamo garantire che il legame tra genitori e figli non solo sopravviva ma prosperi.

Con questa riflessione, ci avviamo alla conclusione di questa guida, sperando di aver offerto strumenti e consigli utili per navigare le complessità e le meraviglie della genitorialità nell'era digitale.

CONCLUSIONE E RINGRAZIAMENTI

Man mano che siamo avanzati attraverso le pagine di questa guida, abbiamo esplorato le molteplici sfide e opportunità che l'era digitale presenta ai genitori. La nostra intenzione non è stata soltanto offrire consigli pratici, ma anche invitare alla riflessione su come la tecnologia stia ridefinendo il concetto di crescita e di genitorialità.

In un mondo sempre più interconnesso, dove la linea tra il reale e il virtuale diventa sempre più sottile, il ruolo di un genitore diventa ancora più cruciale. La genitorialità non si tratta più solo di proteggere e guidare, ma anche di navigare, comprendere e adattarsi.

Abbiamo parlato di regole, limiti, adattabilità e dell'importanza di instillare valori nei nostri figli. Ma al centro di tutto c'è un messaggio fondamentale: l'amore incondizionato e la comprensione sono la chiave. La tecnologia può cambiare, ma l'essenza della genitorialità - quella profonda connessione con i nostri figli e il desiderio di vederli prosperare - rimane immutata.

Cari genitori, mentre vi preparate a chiudere questo libro e a mettere in pratica ciò che avete appreso, vi incoraggio a ricordare che non siete soli in questo viaggio. Ogni genitore si trova ad affrontare le proprie sfide, ma è il nostro amore e la nostra dedizione che rendono possibile superarle. E mentre la tecnologia ci offre nuove e affascinanti opportunità, è importante ricordare che il cuore delle nostre interazioni con i nostri figli dovrebbe sempre essere umano.

Prima di tutto, voglio ringraziarvi. Grazie per aver dedicato tempo ed energia alla lettura di questa guida. Grazie per voler essere i migliori genitori possibili per i vostri figli. La vostra volontà di apprendere, di comprendere e di adattarvi è una testimonianza del vostro amore incondizionato.

Inoltre, voglio rassicurarvi dicendovi che fare errori è parte del percorso. Non c'è una formula perfetta per la genitorialità, soprattutto in un mondo in costante evoluzione come il nostro. Ci saranno giorni in cui vi sentirete sopraffatti o inadeguati, ma ci saranno anche momenti di gioia inimmaginabile, momenti che vi ricorderanno perché tutto questo vale la pena.

Ricordatevi sempre che non siete soli. Ci sono comunità, risorse e, naturalmente, guide come questa, create con l'obiettivo di sostenervi. Ma soprattutto, ci sono i vostri figli, con i loro occhi curiosi e i loro cuori grandi, pronti a imparare e ad amare insieme a voi.

Mentre vi avventurate in questo emozionante e a volte complicato viaggio della genitorialità nell'era digitale, spero che porterete con voi i principi e le lezioni condivise in questo libro. E spero che, quando guarderete i vostri figli, vedrete non solo i cittadini digitali del futuro, ma anche le persone incredibili che stanno diventando grazie al vostro amore e alla vostra guida.

Con gratitudine e affetto,

Stella Monroe

Se pensi che questo libro ti sia piacito e ti abbia aiutato ti chiedo solo di dedicare pochi secondi per lasciare una breve recensione su Amazon!

Grazie mille